Como usar
artes visuais
na sala de aula

COLEÇÃO
COMO USAR NA SALA DE AULA

COLEÇÃO

como usar
na sala de aula

como usar ARTES VISUAIS **na sala de aula**
Katia Helena Pereira

como usar AS HISTÓRIAS EM QUADRINHOS **na sala de aula**
Angela Rama e Waldomiro Vergueiro (orgs.)

como usar A INTERNET **na sala de aula**
Juvenal Zanchetta Jr.

como usar A LITERATURA INFANTIL **na sala de aula**
Maria Alice Faria

como usar A MÚSICA **na sala de aula**
Martins Ferreira

como usar A TELEVISÃO **na sala de aula**
Marcos Napolitano

como usar O CINEMA **na sala de aula**
Marcos Napolitano

como usar O JORNAL **na sala de aula**
Maria Alice Faria

como usar O RÁDIO **na sala de aula**
Marciel Consani

como usar O TEATRO **na sala de aula**
Vic Vieira Granero

como usar OUTRAS LINGUAGENS **na sala de aula**
Beatriz Marcondes, Gilda Menezes e Thaís Toshimitsu

Como usar
artes visuais
na sala de aula

Katia Helena Pereira

Copyright© 2007 Katia Helena Alves Pereira
Todos os direitos desta edição reservados à
Editora Contexto (Editora Pinsky Ltda.)

Ilustração de capa
"Oliveiras",
Vincent van Gogh, 1889 (óleo sobre tela).

Montagem de capa
Antonio Kehl

Diagramação
Gustavo S. Vilas Boas

Revisão
Daniela Marini Iwamoto
Lilian Aquino
Juliana Ramos Gonçalves

Dados Internacionais de Catalogação na Publicação (CIP)
(Câmara Brasileira do Livro, SP, Brasil)

Pereira, Katia Helena
Como usar artes visuais na sala de aula / Katia Helena Pereira. –
2. ed., 7ª reimpressão. – São Paulo : Contexto, 2023.
(Coleção Como usar na sala de aula)

Bibliografia.
ISBN 978-85-7244-350-0

1. Arte – Estudo e ensino 2. Arte na educação 3. Sala de aula –
Direção I. Título.

06-8396   CDD-371.1024

Índice para catálogo sistemático:
1. Artes visuais na sala de aula : Educação   371.1024

EDITORA CONTEXTO
Diretor editorial: *Jaime Pinsky*

Rua Dr. José Elias, 520 – Alto da Lapa
05083-030 – São Paulo – SP
PABX: (11) 3832 5838
contato@editoracontexto.com.br
www.editoracontexto.com.br

2023

Proibida a reprodução total ou parcial.
Os infratores serão processados na forma da lei.

SUMÁRIO

Introdução 7

    Arte para quê? 8

A sala de aula como espaço de criação 11

    O processo criativo do aluno 11

    Gosto ou não gosto? 13

A imagem na sala de aula 17

    Arte e conhecimento 21

As linguagens 25

    O desenho 25

        A linha do grafite 46

    A pintura 53

    A tridimensionalidade 77

    A gravura 112

Procedimentos e materiais: algumas dicas 123

    Procedimentos para a conservação
dos materiais e equipamentos 123

    Desenho 123

    Pintura 124

    Escultura 126

    Gravura 127

Conclusão 129

Bibliografia 131

Anexo 133

INTRODUÇÃO

O objetivo deste livro é apresentar maneiras de produzir imagens a partir da reflexão sobre linguagens, obras e seu contexto de produção. Ele foi criado a partir de minha experiência com educação básica. As atividades propostas unem a ideia da análise da produção histórica à criação do aluno, estimulando a experiência estética, seguindo a teoria pragmatista de Dewey. São proposições que auxiliam a construção do conhecimento sobre as linguagens aqui desenvolvidas.

Utilizo como referência metodológica a abordagem triangular, a partir das propostas da professora Ana Mae Barbosa. As atividades que selecionei para compor o *corpus* deste livro foram todas desenvolvidas em sala de aula e aqui se encontram as versões finais, com as devidas correções de percurso. Elas vão além dos simples exercícios e procuram desencadear reflexões sobre arte, cultura e sociedade. Procurei selecionar atividades que permitissem ao professor, de qualquer área, desenvolver projetos com artes visuais na sala de aula. Muitas delas trazem questões para a leitura de imagem, permitindo usá-las como instrumento para as mais diferentes reflexões, de acordo com o projeto do professor.

As atividades foram criadas para um tempo mínimo de duas horas-aula, de 45 minutos cada. Porém, a grande maioria pode deflagrar projetos por até um semestre, de acordo com as intenções e interesses do professor. Sendo assim, cabe ao professor escolher o melhor caminho.

Espero que o compartilhamento de minha experiência com a arte seja um estímulo aos colegas professores para o trabalho com artes visuais, auxiliando os alunos a aprender a ler o mundo e a percorrer o caminho do sensível.

ARTE PARA QUÊ?

Vivemos em um mundo de visualidades. Cercados por imagens, viver nos espaços urbanos é deparar-se com múltiplos estímulos visuais. No entanto, os apelos visuais não se limitam a fronteiras geográficas. Veículos como a televisão e a internet fazem circular imagens em tempo real pelos mais distantes lugares. Isso faz com que uma cena acontecida no Japão possa ser vista no Brasil simultaneamente ao fato. Por isso, viver longe das cidades grandes é também se deparar com imagens as mais diversas.

Os diferentes apelos visuais interferem na compreensão que se tem sobre o cotidiano e contribuem para formular ideias sobre lugares, culturas, acontecimentos. Nosso dia a dia está povoado de imagens da mídia, formas de propaganda, folhetos explicativos, fotografias, imagens da internet, jornais, enfim, há um número muito grande de formas visuais. Todas essas formas correspondem a maneiras de interpretar o mundo. São maneiras de se integrar ao tempo e ao espaço. As imagens postas em jogo no cotidiano instauram a necessidade de interpretação, isso porque são formas criadas a partir de certa cultura, dentro de uma ideologia, ou seja, não são neutras.

A visualidade dos espaços coletivos – que se configura na arquitetura das cidades, dos povoados, das aldeias – está relacionada com as imagens dos *outdoors*, dos *banners*, dos cartazes de propaganda, dos letreiros das lojas, da organização das vitrines, dos veículos que trafegam, da paisagem bucólica. Essa visualidade é criada dentro de determinadas concepções. As cores e formas escolhidas para uma determinada imagem se relacionam com a cultura que lhe atribui sentido, isto é, a criação da imagem corresponde a uma tradição. Ao criar certa visualidade, está-se reiterando uma maneira de pensar. Quando um artista cria uma forma reverbera concepções do coletivo.

A arte é parte material da cultura. Está submetida ao conjunto de valores sociais criados em torno de fazeres cotidianos. Sendo assim, o artista se vale da matéria-prima que lhe impregna as concepções sobre si e sobre o outro. A arte cria sentidos para ler o cotidiano, apresenta maneiras de superar o comum e aprofundar-se nas ideias sobre o convívio social. Ela é uma possibilidade de criar sentidos ao já posto, de transcender a realidade, abrindo frestas para a imaginação criadora. Essa magnífica capacidade humana de imaginar permite alterar o cotidiano ou, pelo menos, encontrar espaços para compreender de outra maneira a realidade que nos cerca.

No contexto educativo, o termo *artes visuais* substituiu a designação *artes plásticas* para nomear a grande área da visualidade. Isso porque a concepção ampliou-se de artes plásticas – que abrangia as belas-artes – para artes visuais, por incorporar várias manifestações visuais como: desenho, pintura, escultura, gravura e artes gráficas, vídeo, cinema, televisão, grafite, animação.

Todas as maneiras visuais de expressão podem se enquadrar na rubrica *artes visuais*. Dessa maneira, na sala de aula, as propostas para o trabalho com artes visuais devem incorporar diferentes linguagens. Historicamente, a criação artística em sala de aula privilegia o desenho e a pintura. As formas contemporâneas que saem do papel – tais como objetos, instalações, *assemblages* – também fazem parte da grande área das visualidades e possibilitam uma maior liberdade de criação.

Porém, ampliar a área de abrangência não significa abandonar a tradição da arte. A ampliação só terá sentido se for acompanhada de aprofundamento nos conteúdos e, consequentemente, na construção de conhecimento sobre arte.

A obra de arte é a manifestação concreta dos significados que um determinado coletivo atribui ao viver em grupo, é a maneira de criar sentidos para o cotidiano.

Ao criar uma determinada obra, o artista se vale da matéria construída socialmente. Como parte da cultura, a arte é a maneira de indicar os caminhos poéticos trilhados por aquele grupo. Criar uma obra de arte vai além da utilização da linguagem (desenho, pintura, escultura), vai além do domínio técnico, porque criar uma forma demanda reflexão, conhecimento sobre o objeto. Além disso, a obra de arte comunica ideias.

Chama-se linguagem artística o veículo que possibilita dar forma à determinada ideia. As linguagens são constituídas de vocabulário próprio. Assim, o desenho tem a linha como vocábulo, e o conjunto de linhas utilizadas em direções diferentes, com intensidades variáveis, será o vocabulário dessa linguagem. Destarte, quando uma forma é criada a partir de um jogo simbólico daquela linguagem, utilizando o vocabulário próprio, são criadas imagens (ou sons, ou movimento) passíveis de leitura, pois se constituem num conjunto de ideias organizadas em determinada forma.

As imagens são parte do cotidiano e nossa relação com elas é imprescindível. Lemos os cartazes das lojas, o gesto do feirante enquanto mostra seu produto, o caminhar de um transeunte. Essas leituras compõem nossa maneira de pensar. Assim, as imagens, o movimento, os sons podem ser considerados formas não-verbais, passíveis de leitura, como textos (não-verbais). Para lermos textos não-verbais (não constituídos por letras) necessitamos de outras maneiras de interação. Essas outras leituras mobilizam a capacidade de compreender múltiplos significados, em relação no tempo e no espaço. É necessário saber ler a obra para poder atribuir sentidos a ela. Na sala de aula, a criação artística parte de linguagens. São as maneiras de transformar ideias em formas visuais.

As reproduções deste livro têm caráter puramente didático e objetivo de estimular o estudo das artes visuais na sala de aula.

Todas as imagens estampadas em preto e branco ao longo do livro foram reproduzidas coloridas no anexo, a partir da página 133.

A SALA DE AULA COMO ESPAÇO DE CRIAÇÃO

O PROCESSO CRIATIVO DO ALUNO

A sala de aula pode ser um poderoso espaço de criação. Partindo de propostas pedagógicas bem estruturadas, os alunos se capacitam a criar soluções para problemas diversos, formular novas hipóteses, reinterpretar velhas proposições. Para isso, é indispensável que as relações entre os sujeitos na sala de aula e os conteúdos sejam estabelecidas como maneira de aprofundar o conhecimento sobre os objetos. Por isso, é necessária clareza no papel do professor como autoridade, como mediador, como propositor que deflagra caminhos.

A criação, na sala de aula, parte de diferentes demandas, articuladas na confluência de saberes: dos alunos, dos professores, da sociedade, da tradição. Significa que, ao criar, os limites não são rígidos entre aquilo que um aluno sabe, as sugestões do colega, as intervenções do professor, o que foi visto na televisão, a história ouvida da avó. Tudo contribui para a criação. Os processos criativos em sala de aula são articulações entre saberes historicamente construídos dentro de determinada cultura.

A ideia de cultura abrange toda a produção simbólica de um coletivo, significada nas relações sociais. Essa produção dita o cotidiano e é transformada pelas demandas que se interpõem entre os sujeitos. Isso significa que todas as relações sociais estão submetidas à cultura que se modifica, pois é dinâmica.

Além disso, as fronteiras geográficas não impedem os intercâmbios simbólicos. Por isso, os produtos culturais de um determinado coletivo podem ser incorporados aos produtos de outro. Um sujeito pode pertencer a diferentes grupos sociais, ou a diferentes culturas, simultaneamente (cada instituição cria processos de significação a partir dos modos de produção característicos). Isso quer dizer que um pernambucano que vive em São Paulo convive, simultaneamente, com distintas formas de pensar, sentir e viver: ao mesmo tempo, sua história traz referências da cultura pernambucana (como o maracatu) e adquire hábitos e costumes próprios de alguma região de São Paulo. Isso o transforma como sujeito e recria sua maneira de ser e estar no mundo.

Os alunos que recebemos na escola podem pertencer a diferentes culturas simultaneamente e, por isso, suas identidades são construídas a partir de diversos entrelaçamentos. Quando estão na sala de aula, não abandonam essas confluências, mas as utilizam como forma de atribuir sentido ao conhecimento.

A criação artística deflagrada por procedimentos didáticos cria uma tensão que estabelece ou rompe limites, possibilitando ao sujeito produzir conhecimento sobre o objeto. Ao criar, o sujeito põe em evidência a estrutura de valores e significados subjacentes aos processos desenrolados na sala de aula. Quando inventa uma determinada forma, está estabelecendo um diálogo, pois utiliza uma linguagem da arte para dar forma a uma ideia que foi deflagrada pela proposta do professor. A produção é, ao mesmo tempo, resposta, solução e transformação. Há, na criação artística do aluno, uma tentativa de corresponder ao que foi pedido, mas também de revelar a si mesmo. Na criação há uma marca pessoal.

Os diferentes aspectos da criação artística na aula tecem caminhos entre sujeitos e ideias, como diálogos entre o que sei e o que o outro sabe, o que eu e o outro desejamos, as crenças dos sujeitos, os valores dos coletivos. Dessa maneira, há uma série de negociações, pois alunos e professores podem ter concepções estéticas diferentes, mas os alunos sabem quais serão aquelas que terão maior ou menor sucesso quando apresentadas diante do grupo e do professor. Assim, a produção é uma maneira de estabelecer diálogos entre os sujeitos e suas ideias sobre o objeto de conhecimento.

Sendo assim, é possível refletir sobre uma *arte dialogada*, ou seja, uma negociação de sentidos (aquilo que na sala de aula é aceito pelo grupo), gostos, usos e costumes transformados em obra pelo aluno que se torna produtor, valendo-se de elementos do processo de ensino-aprendizagem. Arte dialogada, nesse contexto, é a produção artística desenvolvida em sala de aula, estabelecida na confluência entre o conhecimento sobre obras de arte, as interferências do professor e dos alunos entre si, em relação à cultura vivida na escola. São postulações estabelecidas entre sujeitos que têm uma história particular trazida para a sala de aula como repertório e postas em diálogo com outros repertórios. A partir dessas relações desenvolvidas em sala de aula, os sujeitos criam suas obras referenciadas na teia de relações que se estabelecem entre os sujeitos da cena pedagógica.

A criação se institui a partir da cultura, mobilizando elementos que constituem o campo simbólico. Esses elementos são retirados do cotidiano coletivo, das interações ocorridas na sala de aula, das trocas entre pares e na relação professor-aluno, em que as opiniões do professor têm papel importante na negociação. Ele é o parceiro mais experiente e, ao mesmo tempo, o avaliador do processo, aquele que deve olhar de dentro e de fora e julgar a produção a partir de concepções particulares sobre o que considera ou não um bom projeto artístico.

Quando os alunos criam a partir das propostas do professor, interpretam aquilo que é pedido e procuram corresponder a certa expectativa – do professor e dos colegas. Há nos procedimentos a tentativa de "acertar", ou seja, aproximar-se do que se quer e do que se imagina que o outro queira.

O professor é o propositor e avaliador da produção. Essa situação pressupõe uma estrutura hierárquica não-neutra. Os julgamentos do professor sobre a criação dos alunos são importantes, pois reiteram – ou não – os discursos.

Gosto ou não gosto?

As questões do gosto do professor partilham das construções sociais e são moldadas por sistemas de valores que permeiam toda a sociedade. A avaliação de uma obra é realizada dentro de um contexto de valores, uma vez que os códigos do "bom gosto" foram historicamente consagrados pelas elites. Atualmente, a homogeneização da concepção de belo não é tão evidente, posto que as culturas estão em contato e são permeadas umas pelos produtos culturais das outras. A construção da ideia do belo submete-se, então, a uma série muito mais complexa e abrangente de mediações. Os sistemas simbólicos se interpenetram e muitos fatores conspiram para a rigorosa distinção entre cultura erudita, de massa e popular.

É dentro desse dinamismo cultural que se inserem as produções em sala de aula julgadas pelo professor. A questão do gosto permeia as avaliações que o professor faz dos trabalhos dos alunos e as escolhas para os currículos de Arte. E essas escolhas são deflagradas pelas concepções sobre arte que os professores têm.

O papel do professor para transformar a sala de aula em espaço de diálogo cultural, onde todos possam manifestar suas ideias e produzir conhecimento sobre o objeto, é fundamental. Ele é o parceiro mais preparado, com conhecimento sobre o objeto e que deve orientar e interferir nos processos de aprendizagem do aluno. A interferência do professor na produção do aluno deve ter o objetivo de incentivar práticas de investigação, instigar e estimular questões que auxiliem a reflexão sobre o objeto. É muito importante que o professor interfira nas concepções que o aluno tem, criando instabilidade para que haja movimento e mudanças de concepções. Interferir é provocar movimento, impelindo à construção de conhecimento sobre o objeto. Entretanto, ao interferir na produção do aluno, o professor deve ter em mente o objetivo: aprofundar conhecimento sobre determinado objeto. A intervenção deve propiciar reflexões sobre o objeto. É no processo de investigação e de criação que o conhecimento se instaura.

Uma proposta clara feita pelo professor impulsiona o processo criativo dos alunos. Durante os procedimentos de criação, os alunos solicitam a ajuda do professor: pedem opiniões, ajuda, revelam suas intenções. Nesse momento, o docente deve atuar questionando ideias, sugerindo leituras, pesquisas, apontando outros caminhos, garantindo que o conhecimento sobre o objeto vá se aprofundando. Toda interferência deve ser intencionalmente voltada para auxiliar a trajetória, e não para atrapalhar os processos. As questões feitas aos alunos devem ser suficientemente desafiadoras para a continuidade do processo e cuidadosamente adequadas à faixa etária e ao nível de conhecimento.

No entanto, as relações entre os dois atores estruturam-se numa sociedade de classes sociais, de relações hierarquizadas. O professor, dentro dessa cultura, tem poder. Mas, qual o sentido desse poder? Ao analisar as produções dos alunos, o professor está investido de uma autoridade que o precede. Ela pertence ao lugar social do professor, delimitado pela cultura. Quando o aluno recorre ao professor, está diante de uma autoridade que precede os dois atores. Há um processo de negociação de saberes, de sentidos. São estabelecidos diálogos entre os sujeitos da cena pedagógica sob a estrutura hierárquica que regulamenta o processo. O processo pressupõe negociações. Todavia, qual é o sentido das negociações? O que deflagram? Quando a atuação do professor contribui para a ampliação do conhecimento? Quando instaura o fracasso?

A seriedade do poder do professor diante das produções dos alunos vai além do certo ou errado, das notas baixas ou altas. O professor, consciente de seu papel e conhecedor de seu objeto, é elemento fundamental para a continuidade do processo. Como um semeador de sonhos, estimula os desejos, amplia a curiosidade e ensina o outro a continuar, bordando seus próprios mantos.

Nessa relação de forças, a arte dialogada é uma solução criada na tensão entre saberes. O aluno se vale de suas experiências, empresta informações das obras do repertório das aulas e das conversas com o professor ao longo das produções. Num constante diálogo, o aluno, atento ao professor, mesmo que isso não seja evidente, produz uma obra que considera válida, principalmente para o grupo social. Durante a criação, submete seu projeto à apreciação do professor. Pede orientações, discute, dialoga. Esse momento é crucial, pois é nessa interação que o aluno checa dúvidas e forma certezas. A interferência do professor é fundamental para auxiliar as reflexões do aluno e instigá-lo a realizar o projeto.

Instaurado pela trama de significados da socialização dos saberes na sala de aula, o conhecimento não é neutro e o poder que se estabelece é subjacente a ele, pois está na base de qualquer relação social. Desse modo, o uso autoritário do poder é fortemente prejudicial à aprendizagem. Interfere negativamente para a transformação do outro e para a sua libertação da opressão gerada pela estrutura desigual da própria sociedade.

Acredito em uma escola onde se promovam diálogos. Onde a opressão ceda lugar ao desejo e o conhecimento auxilie na transformação da precária condição humana.

A IMAGEM NA SALA DE AULA

> No mistério do sem-fim
> equilibra-se um planeta.
>
> E, no planeta, um jardim,
> e, no jardim, um canteiro;
> no canteiro uma violeta,
> e, sobre ela, o dia inteiro,
>
> entre o planeta e o sem-fim,
> a asa de uma borboleta.
>
> *(Cecília Meireles, "Canção Mínima")*

A produção artística se estrutura em diferentes linguagens. Para a criação de obras visuais, o artista lança mão de conhecimentos sobre linguagens visuais, como o desenho, a pintura, a escultura, a fotografia.

No ato criador da imagem, são postos em cena os elementos conhecidos pelo sujeito que cria. Ao criar, ele os transforma em algo novo que adquire significado na obra produzida. Como um jogo, o criador transforma o percebido em linguagem plástica e reconstrói a forma, dando-lhe significado.

Resultado das articulações entre imaginação e fazer artístico, é na obra que o imaginado adquire concretude. O que foi concebido na imaginação adquire nova forma no fazer, pois são dois momentos diferentes da criação. Quando imagina, o sujeito utiliza sua capacidade de construir imagens mentais; quando produz a imagem, utiliza uma linguagem como suporte para inventar determinada forma. O processo de construir uma forma – em papel, tela, madeira, argila – requer o desenvolvimento de conhecimentos específicos sobre como fazer.

Os dois aspectos – imaginar e criar a forma – estão interligados, como partes de um processo. Além disso, o pensar e o imaginar são distintos. O pensar envolve o processo imaginativo e "quanto mais elevada é a escala de invenção ou originalidade que esse pensamento provoca, mais prontamente parece recorrer às imagens" (Read, 1982). Disso decorre que, ao desenhar, a criança pensa a forma como imagem a ser desenvolvida sobre o suporte. Os desenhos infantis são símbolos abstratos, *schematta* da realidade de uma imagem (Read, 1982, p. 151).

Ao desenhar, a criança parte de imagens mentais e as transforma na linguagem artística do desenho. Portanto, o desenho não é somente imagem mental ou somente a ação sobre o papel, mas a relação entre as duas instâncias. A criança pensa e tem de transformar o pensamento em determinada forma gráfica. Aqui existe a necessidade de habilidades específicas para configurar um pensamento. Como o desenho é uma linguagem e exige determinado vocabulário, o ato de desenhar é produção de conhecimento sobre a linguagem, utilizando certo vocabulário (linha, ponto). O processo de desenhar é a produção de conhecimento sobre as especificidades do ato de criar formas desenhadas. Desenhar se aprende desenhando! Por isso, quanto mais experimentam, quanto mais testam hipóteses, melhor os alunos se comunicam por meio da linguagem do desenho.

As linguagens artísticas requerem conhecimentos específicos. Por isso, ao desenharem, pintarem, realizarem fotografias, as pessoas mobilizam conhecimentos específicos e procuram aproximar ideias e formas. Para criar, o sujeito busca referências. Utiliza um vocabulário construído nas relações sociais. Significa que "utilizando elementos da cultura, o criador particulariza a realidade do grupo. Numa intenção comunicativa, a imagem representa duplo aspecto; um gesto voltado para si – prazer pessoal – e para o grupo, na interação com o meio" (Pereira, 1999).

A construção da imagem acontece na experiência deflagrada pela produção. O sujeito aprende a produzir imagens durante a criação. É na utilização de elementos gráficos que a pessoa aprende como desenhar. As linguagens demandam conhecimento e como tal requerem informação, pesquisa que comporá um repertório. Quanto mais conhece e utiliza determinada linguagem, melhor o sujeito criará e se comunicará por meio dela.

As imagens, como já afirmei, pertencem ao nosso cotidiano e interferem na maneira como nos relacionamos com o mundo. Interferem na maneira como nos vestimos, pensamos, vivemos. Isso porque dão visualidade a valores sociais, construídos de muitas maneiras. As imagens também medeiam nossa relação com o outro. É por meio delas que reconhecemos as diferenças, alimentamos nossas crenças, construímos nossa concepção de como estar no mundo.

Muitas religiões estruturam seus cultos na adoração de imagens. Na Idade Média, por exemplo, todo o processo de instrução do povo iletrado referente aos valores interessantes ao jogo político da Igreja era realizado por meio de imagens (pinturas, esculturas nas igrejas). Por outro lado, o protestantismo rompeu com o catolicismo e instituiu uma concepção iconoclasta, repudiando imagens.

Nossa sociedade brasileira tem na imagem muitos dos fundamentos de sua construção como grupo social. Um dos exemplos são as novelas. É certo que essa tradição teve origem no rádio, mas na televisão adquiriu uma força gigantesca, sendo exportada para diversos países.

O ato perceptivo que envolve a leitura e análise das imagens com as quais convivemos depende de muitos fatores. Quando olhamos para determinado objeto, "a visão atua no material bruto da experiência criando um esquema correlato de formas gerais, que são aplicáveis não somente a um caso, mas a um número determinado de outros casos semelhantes". (Arnheim, 1986, p. 39). Isso significa que o ato perceptivo não é passivo. Apreciar obras de arte, observar objetos, ver situações cotidianas requer atribuir significados. Essa atribuição de significados é maneira de compreender a experiência e de torná-la inteligível. Portanto, ver é produzir conhecimento sobre aquilo que é visto. Sendo assim, a utilização de imagens na sala de aula é um modo de provocar a reflexão. A imagem vivenciada cotidianamente nos espaços coletivos pode ser instrumento de análise do cotidiano.

A percepção que o sujeito tem do mundo não é neutra ou passiva, mas a relação do sujeito com sua cultura. Essa relação se constrói nos conteúdos significados na cultura. É a cultura, criação coletiva, que dá sentido às imagens que o sujeito vê ou cria. A percepção é envolta em aspectos emocionais e intelectuais, ou seja, "além de perceber e interpretar conteúdos, também vivenciamos nossas interpretações" (Ostrower, 1998, p. 72).

A percepção é também antecipação do todo, do porvir. Ao mesmo tempo em que vemos uma parte de uma ideia, antecipamos todo o conjunto, projetamos um contexto sobre o campo visual – como uma rede lançada ao mar pelo pescador, antecipando os peixes que virão. Esse processo é realizado pelo sujeito a todo instante, repetidas vezes ao dia, sem que ele disso se aperceba. Mesmo que a percepção incorpore todo o conhecimento anterior sobre determinado objeto, permitindo pensamento e deduções lógicas, não está restrita à razão, posto que sempre "associemos livremente em tudo o que fazemos" (Ostrower, p. 73). A cada momento, o sujeito atribui sentido para o que percebe.

Ao analisar o desenho da criança, Arnheim explica por que ela revela, na imagem, uma concepção que nos parece bidimensional. Essa maneira de criar se relaciona não a *como* a criança percebe o mundo, mas *de que forma* faz dessa leitura a sua maneira gráfica de revelá-lo na imagem. Segundo Arnheim, a criança cria uma imagem bidimensional, com transparência, como se a lógica "altura x largura x profundidade" existisse de outra maneira, todas num mesmo plano. Ao criar um determinado ambiente, a criança pequena o faz como se tudo acontecesse simultaneamente. Assim, observamos no desenho infantil, uma casa onde as paredes laterais se constituem na linha que envolve a estrutura, mas a parte frontal deixa transparecer o interior: os móveis, os objetos, as pessoas; tudo é visível. Nessa lógica configuracional, há uma ideia de transparência em que tudo está aparente. Essa ideia lembra aquelas casas de boneca que não possuem uma das paredes e é possível ver e ter acesso a toda a casa por um dos lados. O que a análise de Arnheim revela é que a criação da imagem reflete a compreensão que o sujeito tem das relações entre forma e espaço.

A criação de imagens envolve tanto o conhecimento do sujeito sobre si, sobre sua cultura, quanto sobre a linguagem. A imagem criada pela criança diferencia-se da imagem criada por jovens ou adultos, pois a maneira de construir hipóteses para as formas se modifica à medida que a pessoa amplia o repertório imagético e experiencia linguagens. Além disso, a experiência de vida do sujeito interfere na criação, porque altera o repertório e a percepção do mundo. O sujeito mais experiente tem mais elementos com os quais lidar para inventar a imagem. Mas juntamente com a experiência vem a crítica, que muitas vezes – como percebemos em nossos alunos adolescentes – é fator impeditivo da criação.

ARTE E CONHECIMENTO

O processo criativo do artista tem caráter demiúrgico. Como um deus, inventa formas e a elas dá vida. A criação inicia-se na formulação de hipóteses que podem se transformar – ou não – em imagens ou obras. Essas hipóteses, ou ideias, antecedem a construção da obra. A obra nasce como formulação imaginativa, que se configura, isto é, ganha forma, na obra de arte. A forma dependerá da linguagem utilizada pelo artista. Quando transforma ideias em obras, há a solução formal, isto é, o artista criou uma solução para aquela ideia, transformando-a em linguagem.

No meu processo criativo, por exemplo, ambas as coisas caminham juntas: as ideias e as formas. Só me disponho diante de uma tela, do computador, de um papel, quando a forma já se desenhou mentalmente por completo. A relação entre sujeito e objeto já se construiu; então, com a solução em mente, disponho-me a produzir.

A produção – ou seja, o momento em que o sujeito desenha, pinta, esculpe – também é momento de criação. Ao adquirir materialidade, o objeto dita seus caminhos e interfere na forma final. Quero dizer que os materiais interferem na criação, e os erros podem deflagrar caminhos. Também o tempo de distanciamento entre sujeito e objeto altera a forma final. Nessa interposição temporal, o sujeito criador na relação com a obra, se modifica e, por isso, a obra também se modifica.

Quando inicio um texto, mesmo com um roteiro bem organizado, deixo que ele se vá ditando. Nas histórias que escrevo, com personagens, delicio-me com a capacidade que cada um tem de dizer o que quer e para onde deseja ir.

O processo criador em arte é construção e reconstrução do sujeito que não está dado, não é um dado. O processo criativo impõe demandas de natureza cognitiva, impõe a necessidade de construção de conhecimento sobre o objeto, sobre a linguagem, está em transformação.

Ao criar a forma, demandas de natureza cognitiva se estabelecem. As formas criadas exigem conhecimento sobre a linguagem que suporta o projeto. Além disso, o processo criador em arte está relacionado ao coletivo. É o coletivo que atribui sentido à obra. É a partir das experiências coletivas que o sujeito construirá seu projeto.

Por exemplo, no livro *O saber local*, Geertz analisa uma descrição de Thompson sobre a escultura ioruba. Thompson relata que a maior preocupação dos escultores iorubas e daqueles que avaliam a obra é a precisão linear. Essa ideia da linha está presente em outras manifestações da vida ioruba como nas marcas corporais. Os cortes no rosto em formas de linhas com profundidade, de direções variáveis, revelam a posição do sujeito naquele grupo (linhagem, posição pessoal, *status*). As mesmas palavras são utilizadas tanto para designar as linhas das esculturas como os cortes nas faces dos iorubas. Na análise sobre o uso da linha pelos iorubas, Geertz destaca o significado cultural da linha. Ela representa a associação com a ideia de civilização, pois dizer que esse país tornou-se civilizado, "em ioruba, quer dizer literalmente: esta terra tem linhas em sua face" (2002, p. 148). Portanto, a linha utilizada na obra de arte encontra sentido no coletivo. Ela não é somente registro gráfico, mas estabelece conexões nas redes de significados dentro da cultura ioruba. A palavra "civilização, em ioruba, *é ilàjú* – rosto com marcas de linhas. [...] O mesmo verbo que abre marcas em uma face yoruba, abre estradas ou fronteiras na floresta: *ó lànón; ó là àalà; Ó lapa* (ele abriu uma nova estrada; ele demarcou uma nova fronteira; ele abriu um novo caminho)" (Geertz, 1983, p. 149)

Aquele que cria está em diálogo com sua cultura e estabelece uma rede de ligações simbólicas dentro das quais encontrará material para a criação. A produção artística é meio de construir significados gerando formas a partir das linguagens. Para a criação, o artista se vale da matéria cultural produzida por seu povo. Matéria essa que encontra sentido nas relações sociais ou que ganha novo sentido nas transformações do artista que impõe pausas capazes de provocar reflexão.

Muitas das produções contemporâneas lidam com as mais diferentes concepções de arte e, por isso, os artistas utilizam materiais variados, incluindo aqueles que não pertencem à tradição da produção artística.

No processo criativo que tem lugar na sala de aula, os alunos lidam com as mais diferentes demandas e equilibram-se entre o pragmatismo das necessidades avaliativas e o percurso poético, passando por vários aspectos deflagrados pela relação entre a obra, o sujeito e a cultura.

Esse sujeito que cria percorre um caminho outro: o do sensível. Estabelece diálogos com o grupo, o tempo e o espaço. A criação artística acontece no percurso. A obra é o resultado das construções simbólicas deflagradas no processo. Mas é no caminho que acontece a produção de conhecimento. Muitos artistas criam registros de seu percurso criativo, o que permite observar o processo. Os procedimentos metodológicos podem revelar a maneira de pensar as formas e as ideias geradoras dos processos de criação.

Com relação à interpretação da arte, na contemporaneidade a produção artística exige do público outras formas de interação. Requer um leitor mais preparado e mais atento aos contextos de produção para compreender ou estabelecer diálogos com as obras de arte. Sendo assim, compreender o percurso do artista auxilia a compreensão acerca da criação artística, seus significados, seus caminhos e descaminhos.

Da mesma maneira, o trabalho em sala de aula acontece no percurso: fundamento para a criação artística. Observar as trajetórias de criação dos alunos permite compreender a maneira como pensam e interferir no processo. Os percursos em sala de aula precisam ser reorientados durante a caminhada, posto que se as ideias se transformam a partir das novas demandas cognitivas que se interpõem frequentemente, entre sujeito e objeto.

Os caminhos percorridos na sala de aula são deflagrados pelas propostas do professor e desenvolvidos como maneira de estabelecer correspondências entre discursos: da arte, da escola, do grupo. A criação artística na sala de aula é momento de reorganização do pensamento e de ampliação das possibilidades de ler e tornar-se sujeito no mundo contemporâneo, saindo do lugar comum e deixando-se levar pela poesia. Esse mesmo sujeito, quando cria um percurso poético, deixa seus rastros de pertencimento no espaço da sala de aula. Torna-se parte do grupo e deixa sua marca transformadora.

AS LINGUAGENS

Não serei o poeta de um mundo caduco.
Também não cantarei o mundo futuro.
Estou preso à vida e olho meus companheiros.
Estão taciturnos mas nutrem grandes esperanças.
Entre eles, considero a enorme realidade.
O presente é tão grande, não nos afastemos.
Não nos afastemos muito, vamos de mãos dadas.
Não serei o cantor de uma mulher, de uma história,
não direi os suspiros ao anoitecer, a paisagem vista da janela,
não distribuirei entorpecentes ou cartas de suicida,
não fugirei para as ilhas nem serei raptado por serafins.
O tempo é a minha matéria, o tempo presente,
os homens presentes, a vida presente.

(Carlos Drummond de Andrade, "Mãos Dadas")

O DESENHO

Uma das linguagens mais acessíveis das artes visuais, o desenho é recorrente em sala de aula. Os alunos frequentemente se utilizam dele em diferentes situações: fazendo grafismos em seus cadernos, como maneira de registrar uma aula, criando cartazes, personagens, histórias em quadrinhos, entre outros usos. Há várias maneiras de realizar desenhos com diferentes materiais. O desenho é uma linha de contorno que envolve determinada forma. Assim, tanto a linha feita com lápis quanto aquela realizada com arame são desenhos.

Desenhar é também uma das primeiras formas de interação entre a criança e as artes visuais – quando ela cria maneiras de representação, experimenta formas e materiais. As crianças bem pequenas iniciam pelo traçado de linhas que ocupam grandes áreas, em movimentos circulares, como numa ação corporal em relação ao suporte. Todo o corpo está envolvido no ato de desenhar. Conforme a relação da criança com o coletivo se transforma e ela se torna mais consciente de sua cultura, sua produção se modifica. Ao desenhar, a pessoa – seja ela criança, adolescente, adulta – coloca em jogo uma série de necessidades impostas pela linguagem, pois desenhar requer conhecimento sobre os problemas característicos do ato de desenhar. Quanto mais a pessoa desenha, melhor ela produz conhecimento sobre a linguagem que utiliza e assim cria melhores soluções para os problemas que surgem durante o processo criativo.

Ao longo da história da arte, o desenho foi utilizado com diferentes funções. A partir do Renascimento, ganha *status* de obra acabada. Até aquele período, era considerado esboço, projeto.

Um grande desenhista da história da arte, Albrecht Dürer foi o primeiro a criar um autorretrato. Seu desenho era primoroso, com uma linha limpa, com os volumes sugeridos pela direção do traço, proporcional, bem realista.

Fig. 1 – Albrecht Dürer
Estudos para autorretrato, mão e travesseiro, 1493
Caneta e tinta sobre papel, 28 x 20 cm
Metropolitan Museum of Art, Nova York

Fig. 2 – Albrecht Dürer
Autorretrato aos 13 anos, 1484
Ponta de prata sobre papel, 275 x 196 mm
Graphische Sammlung Albertina, Viena

    É comum ouvir, sobre os retratos de Dürer, a expressão "parece fotografia!". No entanto, se olharmos detidamente, perceberemos que seus retratos são interpretações do artista. Os dois autorretratos foram produzidos em períodos diferentes. A figura 1 mostra um desenho prévio, um estudo. No desenho feito a lápis, o artista experimenta formas, estuda volumes, inventa soluções que utilizará posteriormente. A figura 2 refere-se a uma gravura feita com a técnica da ponta seca. O artista enfatiza o rosto, mas não negligencia o restante do tronco. Cria passagens sutis do escuro para o claro e dá a sensação de volume com a direção da linha que se altera e com regiões de sombra em oposição às regiões de luz.
    Na Renascença, os artistas partiam de certa concepção de beleza. Naquele período, a ideia de beleza estava relacionada aos valores clássicos gregos. Era o renascimento de concepções estilísticas da antiga Grécia.
    Em momento posterior da história da arte, no século xix, os artistas também se remeteram aos ideais de beleza clássicos: no neoclassicismo. Nessa escola de arte, belo era aquilo que se baseava nas concepções de beleza da Grécia antiga. Sendo assim, para ser bela, a obra deveria se submeter às regras estilísticas clássicas.

Fig. 3 – Jean-Auguste-Dominique Ingres
O violinista Niccolò Paganini, 1819
Lápis, 298 x 218 mm
Museu do Louvre, Paris

O retrato do músico Paganini, realizado por Jean-Auguste Dominique Ingres, é um exemplo do desenho neoclássico. Há uma linha que percorre todo o contorno da figura. A forma, para Ingres, estava submetida à linha. Para ter uma linha contínua, a anatomia poderia ser sacrificada.

Ingres ficou conhecido como um grande desenhista, preocupado em criar figuras com uma linha contínua e racional. Seu traço é preciso, estudado, calculado. No retrato de Paganini, enfatiza o rosto, cujo contraste entre o claro e o escuro dos cabelos cria uma moldura que o destaca. Há uma atmosfera artificial que sugere uma cena posada, e não espontânea. Devemos lembrar que os artistas de estilo neoclássico e renascentista utilizavam modelos para criar seus retratos. As pessoas posavam para os artistas.

Na figura 3, o rosto do artista se destaca, criando uma aura de poder. O olhar é soberbo e atravessa o leitor. O casaco desenhado apresenta seus volumes pela direção das linhas e por algumas texturas que Ingres insere, como, por exemplo, na manga direita. As pernas da calça são sugeridas por uma linha tênue que alonga a figura.

Em outro período da história da arte, um brasileiro, Flávio de Carvalho, se utilizava da linha mais vigorosa. Com o uso de várias linhas, cria uma imagem emotiva.

Fig. 4 – Flávio de Carvalho
Minha mãe morrendo nº 1 (Série Trágica), 1947
Carvão sobre papel, 66,2 x 51 cm
Museu de Arte Contemporânea – Universidade de São Paulo

Pintor modernista brasileiro, Flávio de Carvalho se utilizou, na Série Trágica, da função dramática da linha. A figura 4 mostra a mãe do artista, doente, na cama. O uso de várias linhas sobrepostas, cria uma texturização e mostra uma forma muito construída com uma linha quase nervosa, que não para em um único traço, mas une-se para criar uma ideia sobre a cena. A função da linha aqui se altera para a expressão da emoção que emana da cena.

O artista se detém no perfil da mãe que agoniza e cria uma moldura com os braços. Isso nos dá uma ideia do desespero e da dor que parecem impregnar a cena narrativa. A obra expressionista atribuiu um sentido dramático à cena. Diferentemente do neoclassicismo de Ingres, a preocupação de Flávio de Carvalho não era lidar com uma forma bela, mas transmitir a atmosfera de sofrimento que cercava a situação da qual ele fazia parte. Vejamos o próximo exemplo.

Fig. 5 – Tarsila do Amaral
Paisagem antropofágica III, 1929
Nanquim sobre papel, 18 x 22,9 cm
Coleção Mário de Andrade, IEB – Universidade de São Paulo

Tarsila do Amaral, artista modernista brasileira, tinha uma particularidade: guardava riscos dos desenhos de suas obras. Como que se remetendo a uma tradição popular – de as mulheres guardarem riscos de seus bordados –, Tarsila copiava os desenhos de suas telas e guardava os riscos.

Na figura 5, Tarsila utiliza poucas linhas, mas consegue criar diferentes planos na imagem. Num plano mais próximo, podem-se observar três animais na água do rio e uma pequena árvore; em segundo plano, uma vegetação que lembra mandacarus; e em terceiro plano, a pequena casa com árvores enormes a seu lado. Note-se que a ideia de profundidade é conseguida pela mudança de direção das linhas, pelo distanciamento delas e pela modificação no tamanho das figuras. Com isso, a artista nos dá a ilusão de profundidade e também da dimensão que a natureza tem na paisagem pictórica. Com um desenho econômico, a artista cria uma cena narrativa.

Os diferentes desenhos revelam diversas concepções que percorrem a história da arte. Outras concepções serão apresentadas ao longo das propostas de atividades.

Atividade 1 – Linha e ritmo
Séries: ensino fundamental I e II.
Objetivo: explorar a linha expressiva a partir da audição de música instrumental.
Conteúdos: linha e música.
Interface: História e Música.
Material básico para desenho: papel texturizado ou liso.

Sequência didática:
1ª parte – traçar linhas sobre o suporte, seguindo o ritmo da música. Utilizar canetas coloridas, lápis grafite ou de cor. Caso o aluno queira variar as cores, deve deixar os lápis ou canetas separados sobre a mesa. A linha deve representar as diferenças de timbres, as passagens. Ao final, analisar os desenhos, procurando observar a relação entre imagem e música. Observar a ocupação do espaço e os cruzamentos das linhas. Sugiro a utilização de músicas instrumentais, para que a sonoridade conduza o desenho. Na música cantada, a palavra sugere figuras. As composições para piano de Chopin, como os Noturnos, ritmos como o maracatu e o jazz são muito interessantes para esse exercício. Uma variação pode ser realizada com tinta nanquim e pincel.

2ª parte – numa outra folha, traçar linhas, a partir das sensações que a música causa. Ao final, pintar os espaços entre as linhas, procurando explorar a função dramática da cor. Sugiro composições instrumentais de Tchaikovsky, Mozart e Ravel.

3ª parte – análise de pinturas de Kandinsky. As pinturas escolhidas aqui revelam a relação que o pintor estabelecia entre pintura e música (ver comentários a seguir). A leitura das obras pode ser iniciada da seguinte maneira: colocar uma das músicas instrumentais escolhidas (de Tchaikovsky, por exemplo) e pedir que os alunos a associem a uma das pinturas. Pedir-lhes que expliquem o porquê de tal associação. Como as cores, linhas e variações tonais da pintura podem ser associadas à música? Quais os elementos plásticos da imagem que estabelecem um diálogo com a música de Tchaikovsky? Em seguida, sugiro uma reflexão sobre o conceito de expressionismo (esse pode ser um tema de pesquisa para os alunos).

O expressionismo desenvolveu-se no início do século XX a partir da pintura de Edvard Munch e Vincent van Gogh, dois artistas de tendências distintas, mas que tinham em comum uma perspectiva melancólica da realidade. Munch, com obras em que preponderava o medo diante do estar-vivo, e Van Gogh, com a ênfase na atitude emocional. No expressionismo, os artistas experimentaram a cor pura em sua versão mais dramática. "Expressionismo é um termo que foi amplamente aplicado ao teatro, às artes visuais e à literatura no início do século, e em várias acepções." Caracterizava-se pelo "uso simbólico e emotivo da cor e da linha" e as produções "eram, em certo sentido, uma inversão do impressionismo: em lugar de registrar uma impressão do mundo que o cercava, o artista imprimia seu próprio temperamento sobre sua visão de mundo" (Dempsey, 2003, p. 70).

Fig. 6 – Vasily Kandinsky
Composição IV, 1911
Óleo sobre tela, 159,5 x 250,5 cm
Kunstsammlung Nordrhein-Westfallen, Dusseldorf

Fig. 7 – Vasily Kandinsky
Composição V, 1911
Óleo sobre tela, 190 x 275 cm
Coleção particular

Fig. 8 – Vasily Kandinsky
Composição vii, 1913
Óleo sobre tela, 200 x 300 cm
Galeria Tretyakov, Moscou

Fig. 9 – Vasily Kandinsky
Improvisação 7, 1910
Óleo sobre tela, 131 x 97 cm
Galeria Tretyakov, Moscou

Comentários:
Vasily Vasilyevich Kandinsky (04/12/1866, Moscou, Rússia; 03/12/1944, Neuilly-sur-Seine, França), artista russo, foi um dos criadores do abstracionismo na pintura moderna.

A experiência de Kandisnky com a abstração surgiu de uma situação inusitada. Uma noite, ao chegar ao seu ateliê, sentiu-se surpreendido pela beleza de uma obra que não tinha tema algum e era composta de manchas coloridas. Ao aproximar-se percebeu ser seu próprio quadro disposto de lado no cavalete. O artista desenvolvia uma pesquisa expressionista e a percepção de que a cor era suficiente para despertar emoção – independentemente do conteúdo – o fez partir para experiências mais ou menos controladas. Algumas delas relacionavam-se à música. Era também músico talentoso e criava pinturas como composições musicais. Para ele, as linhas e as cores representavam a relação entre os sons e os timbres. Dizia que a cor era o teclado; os olhos, as harmonias; a alma, o piano; e o artista, a mão que toca em uma clave ou em outra, causando vibrações na alma. Ele associava o tom da cor ao timbre (o caráter do som), a cor ao compasso e a saturação ao volume do som (Strickland e Boswell, 1999, p. 143).

As pinturas selecionadas aqui se relacionam à música. É interessante notar os ritmos criados pelas cores, suas nuances e a linha que percorre as obras. O artista cria contrastes, caminhos a serem percorridos pelo olhar do leitor da obra. Suas pinturas vibram como grandes sinfonias.

Fig. 10 – Linha rítmica criada por aluna do ensino médio

Atividade 2 – Desenho de memória e de observação
Séries: ensino fundamental II e médio.
Objetivos: explorar o desenho de memória, interferir sobre o desenho de memória.
Conteúdos: a linha e a memória.
Interface: Ciências e Biologia (anatomia).
Material básico para desenho: lápis grafite ou de cor (aquarelável ou simples), caneta hidrocor ou esferográfica, giz, borracha macia.

Sequência didática:
1ª parte – desenhar uma figura humana. Os alunos deverão realizar um desenho de figura humana de memória, sem observar nada e sem a interferência do professor. Destinar um tempo máximo de dez minutos para o exercício.

2ª parte – desenhar uma figura humana, observando um modelo (um outro aluno). Para esse momento da atividade, organizam-se duplas. Uma pessoa da dupla desenha e a outra posa. Depois, invertem-se os papéis. É necessário estabelecer um tempo máximo para esse exercício (por exemplo, 10 minutos).

3ª parte – avaliar a produção. Observar os dois desenhos realizados e analisar as diferenças e semelhanças. O que aparece no primeiro desenho e não se nota no segundo? O segundo desenho reflete o observado, isto é, a posição do modelo, características da roupa etc.? Ou o aluno continuou a realizar desenho de memória, sem observar o modelo?

4ª parte – após a discussão sobre os dois exercícios, refazer o desenho de observação e analisar os ganhos de qualidade.

5ª parte – reavaliar as produções.

Comentários:
O objetivo da atividade é fazer o aluno perceber a diferença entre sua concepção de determinado objeto e o objeto em si. Quando desenha a partir do que se recorda de um objeto, ele coloca alguns elementos, e quando observa um modelo determinado, acrescenta outros. Esse exercício auxilia a construção de repertórios para a linguagem gráfica de tal maneira que o aluno possa incorporar elementos observados em seus próximos desenhos. A avaliação dessa atividade precisa acontecer ao longo dela, com a análise dos desenhos para a transformação da qualidade da imagem.

Fig. 11 – Imagem criada por aluna do ensino médio

Atividade 3 – Desenho de figura humana
Séries: ensino fundamental II e médio.
Objetivo: explorar o desenho da figura humana.
Conteúdo: figura humana.
Interface: Ciências e Biologia (anatomia).
Material básico para desenho: lápis grafite ou de cor (aquarelável ou simples), caneta hidrocor ou esferográfica, giz, borracha macia.
Sequência didática:
1ª parte – desenhar o contorno de um grupo de pessoas. Para a atividade, devem-se organizar grupos (com 5, 6, 7 alunos ou mais) e posicioná-los diante da classe. Cada pessoa do grupo assume uma posição: em pé, sentada, agachada. Os outros alunos da sala – observadores – desenham o grupo todo ou elementos, procurando captar a forma geral, sem muito detalhamento, preocupando-se com os contornos da figura (estabelecer um tempo máximo, por exemplo, 10 minutos). Depois, invertem-se modelos e desenhistas.

2ª parte – pedir aos alunos que mostrem seus desenhos e analisem se conseguiram registrar a posição das figuras. Perguntar sobre as dificuldades, a ocupação do espaço (todas as pessoas couberam no papel?), como inventaram soluções para os problemas que surgiram.

3ª parte – escolher uma das figuras humanas desenhadas, copiar em outro papel e criar uma imagem a partir da forma, detalhando a figura.

4ª parte – avaliar a produção. Observar os desenhos e analisar a incorporação de elementos novos na imagem.

Comentários:

Nesta atividade, propõem-se vários problemas simultaneamente: de organização espacial, da reprodução de figura humana, de composição. É necessário lidar com a figura humana em posições difíceis (escorço), a ocupação do espaço do papel (muitas vezes, os alunos chegam ao final do papel com parte do grupo desenhada) e da composição das figuras. Este último problema surge já na organização dos alunos no grupo. A maneira como organizam a pose revela uma ideia de composição. A relação rítmica que surge com as variações dos planos alto, médio e baixo.

Após os desenhos realizados, pedir aos alunos que voltem a suas posições para analisar a linha que se forma com os corpos juntos no espaço e então discutir a ideia de composição. Sugiro algumas questões: há variação de planos ou todos estão em pé (plano alto)? Existe uma linha rítmica que percorre os elementos do grupo? Quais as variações possíveis? Após as reflexões, propor novas composições e desenhá-las.

Fig. 12 – Desenho realizado por aluna do ensino médio

Atividade 4 – Desenho ao ar livre
Séries: todas da educação básica.
Objetivo: criar desenhos a partir da observação de paisagem.
Conteúdo: paisagem urbana ou rural.
Interface: Geografia, Matemática, História, Português e Ciências
Material básico para desenho e prancheta: Veja indicação no capítulo "Procedimentos e materiais: algumas dicas", no item "Desenho".
Sequência didática:

1ª parte – escolher um lugar para realizar os desenhos (o lugar precisa ter vários elementos visuais).

2ª parte – conversar com os alunos sobre o tipo de desenho a ser realizado e a escolha do recorte. Nos desenhos ao ar livre, é necessário selecionar algumas áreas para registrar. Assim como na fotografia, esse tipo de desenho requer a necessidade de escolhas das áreas de interesse.

3ª parte – iniciar o desenho, procurando incorporar o máximo de elementos da paisagem (estabelecer um tempo máximo).

4ª parte – analisar os resultados obtidos e as semelhanças e diferenças entre os desenhos e entre os desenhos e os lugares.

5ª parte – análise de pinturas Vincent van Gogh.

Fig. 13 – Vincent van Gogh
Banco de pedra no jardim do asilo, 1889
Óleo sobre tela, 39 x 46 cm
Museu de Arte de São Paulo

Fig. 14 – Vincent van Gogh
Jardim da paróquia, 1884
Caneta sobre papel, 51,5 x 38 cm
Stedelijk Museum, Amsterdã

6ª parte – selecionar um detalhe da paisagem e criar um outro desenho, incorporando a textura de Van Gogh nas obras apresentadas.

Atividade 5 – Simplificação da forma
Séries: ensino fundamental II e médio.
Objetivo: explorar aspectos do desenho de observação.
Conteúdo: paisagem.
Interface: Matemática (geometria).
Sequência didática:

1ª parte – desenhar uma árvore observada do natural ou de imagens de revistas, detalhando todas as partes: folhas, galhos, texturas.

2ª parte – em outra folha, desenhar apenas os traços fundamentais da árvore, com as linhas mais essenciais.

3ª parte – criar um novo desenho, transformando as linhas da árvore em figuras geométricas.

4ª parte – analisar a sequência de Mondrian.

Variação: iniciar o exercício a partir da leitura da sequência de Mondrian.

Fig. 15 – Piet Mondrian
Floresta, 1898-1900
Aquarela e guache sobre papel, 45,5 x 57 cm
Haags Gemeentemuseum, Haia

Fig. 16 – Piet Mondrian
Floresta perto de Oele, 1908
Óleo sobre tela, 128 x 158 cm
Haags Gemeentemuseum, Haia

Fig. 17 – Piet Mondrian
Composição: *Árvores II*, 1912
Óleo sobre tela, 98 x 65 cm
Kroeller-Mueller Museum, Otterlo

Comentários:

Mondrian desenvolveu sua concepção de abstração caminhando da figuração até os traços mais sintéticos e essenciais da forma. Nas três obras selecionadas aqui, procurei salientar o caminho da abstração. Dos traços da primeira paisagem até as linhas fragmentadas da terceira obra, as figuras cedem lugar à síntese.

Iniciar o exercício pela ideia que os alunos têm sobre abstração – para, depois, mostrar como o artista desenvolve suas concepções – permitirá o diálogo entre o conhecimento inicial dos alunos e a obra do artista. A ideia é ajudá-los na construção de caminhos para a abstração a partir da criação de sínteses.

Atividades 6 e 7 – Desenho e pintura
Séries: educação infantil e ensino fundamental I.

Objetivo: desenvolver a linguagem do desenho a partir da linha rítmica da xilogravura japonesa *A onda*, de Katsushika Hokusai.

Conteúdo: Gravura japonesa.

Interface: Português, Geografia e História.

Material básico para desenho: veja indicação no capítulo "Procedimentos e materiais: algumas dicas", no item "Desenho".

Material básico para pintura em tecido: tecido.

Sequência didática:

1ª parte – mostrar para as crianças a gravura *A onda* e conversar com elas sobre ritmo, movimento da linha, cor, formas, especificidades da gravura japonesa.

Fig. 18 – Katsushika Hokusai
A grande onda em Kanagawa (da série de 36 vistas do Monte Fuji), período Edo (1615-1868), cerca de 1830-32
Xilogravura policromada; tinta e cor sobre papel, 25,7 x 37,9 cm
Metropolitan Museum of Art, Nova York

2ª parte – após a observação, pedir às crianças que reproduzam o movimento do quadro com o corpo: que dancem como a grande onda. É interessante que elas tenham algum tecido nas mãos para fazer o movimento ao ritmo de músicas instrumentais.

3ª parte – produzir releituras da obra *A onda*. Utilizar papel canson A3 e, com aquarela, produzir uma releitura da gravura, lembrando às crianças que o trabalho deve conter elementos da obra do artista japonês (citação), mas que procurem criar a sua própria obra, lembrando das experiências corporais.

4ª parte – criar imagens. Pedir aos alunos que imaginem habitantes do fundo do mar. O que será que eles fazem? Como vivem? Se morássemos no fundo do mar, como seria? E como as pessoas que passassem de barco veriam esses habitantes? A partir desse tema, pedir às crianças que criem imagens para a ideia. Sugiro a audição de músicas de Dori Caymmi sobre o mar, do CD *Tome conta de meu filho que eu também já fui do mar...*, durante a produção da imagem.

Comentários:

Falar às crianças sobre o fato de o Japão ser uma ilha, a importância do mar na vida das pessoas e as possibilidades infindáveis que vem do mar. Relembrar a gravura *A onda*, de Hokusai.

Atividade 8 – Desenho

Série: ensino fundamental I.

Objetivos: desenvolver a linguagem do desenho, criar narrativas visuais.

Conteúdo: a cor nas narrativas visuais japonesas.

Interface: Português, História e Geografia.

Material básico para desenho: veja indicação no capítulo "Procedimentos e materiais: algumas dicas", no item "Desenho".

Sequência didática:

1ª parte – assistir a dois contos do filme *Sonhos*, de Akira Kurosawa: "O acasalamento das raposas" e "Cerejeiras". Antes de iniciar a apreciação do filme, explicar que o filme de Akira Kurosawa, um diretor japonês, é uma obra de arte. Ele utiliza cores vibrantes, como em uma pintura. O diretor se utiliza de dois contos tradicionais japoneses e cria uma história visual. Esse filme foi criado para ser assistido em uma tela de cinema, tela grande.

O primeiro conto, "O acasalamento das raposas", narra a história de um menino que desobedece aos ensinamentos dos mais velhos (ensinados pela mãe) e vai observar as raposas na floresta. Isso é proibido segundo a tradição das raposas, e elas se zangam. Por isso dão ao menino uma missão. O segundo conto é um conto ecológico. No Japão, a natureza é muito preciosa e valorizada. No conto de Kurosawa, as árvores têm espíritos e, quando são cortadas, seus espíritos se revoltam contra seus malfeitores. Um menino pequeno chora a morte das árvores e se encontra com os espíritos delas, os quais fazem com que as árvores brotem.

No primeiro conto, solicite aos alunos que atentem para o cortejo do casamento das raposas. Depois, os alunos podem encená-lo. Peça que observem a expressão facial e corporal das raposas e a maneira como realizam os movimentos.

2ª parte – conversar sobre o filme e criar movimentos corporais. Após a apreciação do filme, conversar sobre os personagens dos contos, a maneira como se movimentam, como se expressam. Após a conversa, os alunos podem recriar os movimentos e realizar um cortejo de animais.

3ª parte – criar imagens inspiradas nos contos. Em seguida, entregar papéis de tamanho A3 ou A2 para que os alunos realizem desenhos, trabalhando em duplas ou trios.

Atividade 9 – Viagem imaginária ao jardim de Monet
Séries: ciclos iniciais do ensino fundamental.
Objetivos: desenvolver a linguagem do desenho, apreciar obras de Monet.
Conteúdo: obras impressionistas de Monet.
Interface: Português, História e Geografia.
Material básico para desenho: veja indicação no capítulo "Procedimentos e materiais: algumas dicas", no item "Desenho".
Sequência didática:
– ler o livro *Linéia no jardim de Monet*. A obra relata a viagem feita por Linéia à Casa Rosa, nos arredores de Paris. A casa, hoje museu, foi residência de Monet. Seu jardim japonês foi cenário de quadros belíssimos do pintor. A ideia da atividade é realizar uma viagem imaginária ao jardim de Monet. Após a leitura da história de Linéia (ou de outra escolhida pelo professor), iniciar a viagem com a preparação da bagagem.

Sugiro que sejam colocadas algumas questões para as crianças de tal maneira que deflagrem as etapas do processo:

1 – O que precisamos saber sobre Monet para visitar a Casa Rosa?

– pesquisa sobre vida e obra do artista;

– observação de obras de Monet para apreciar sua maneira de criar imagens;

– criação de desenhos com giz pastel ou giz de cera (crayon) a partir da apreciação de obras de Monet. Observar as cores que utilizava, as nuances, os desenhos;

– criação de malas de viagem para guardar as informações coletadas e os desenhos criados.

2 – Como chegaremos a Giverny?

– pesquisa sobre a cidade (livros, mapas, revistas, internet);

– projeto (desenho) de criação de veículos supersônicos para chegar a Giverny.

3 – A viagem:

– confecção de passagens e passaportes;

– realização da viagem como um jogo teatral.

Para a viagem imaginária, sugiro a criação de um ambiente como um portal. A utilização de músicas instrumentais para a realização da viagem e a encenação da entrada nos veículos criados estimularão a imaginação das crianças e as farão pensar como se estivessem em Giverny.

A utilização de fantasias, chapéus, malas, contribuirão para a encenação.

4 – A chegada:

Sugiro que o espaço (da sala) esteja preparado com obras de Monet, fotos dele e da Casa Rosa, para que as crianças percorram o lugar imaginando-se turistas.

5 – O retorno:

– produção de pinturas;

– produção de textos.

Na volta, as crianças estarão estimuladas a contar suas impressões em textos visuais (não-verbais) ou verbais.

Avaliação:

Analisar o quanto as crianças aprenderam sobre Monet, suas obras, o impressionismo, a cidade de Giverny e outros conteúdos selecionados pelo professor.

Atividade 10 – Cubismo
Séries: ensino fundamental II e médio.
Objetivo: criar desenhos de acordo com a lógica cubista.
Conteúdo: cubismo.
Interface: Matemática (geometria).
Material básico para desenho: veja indicação no capítulo "Procedimentos e materiais: algumas dicas", no item "Desenho".
Sequência didática:
1ª parte – analisar obras de Picasso.

Fig. 19 – Pablo Picasso
Cabeça de mulher apoiada sobre a mão, 1939
Lápis, 42,8 x 29 cm
Paris

Fig. 20 – Pablo Picasso
Cabeça de mulher, 1938
Lápis, 23,3 x 45,3 cm
Paris

2ª parte – criar uma figura humana que mostre vários ângulos simultaneamente. Realizar o desenho de um rosto de perfil. Inserir elementos que representem o rosto de frente, sobrepondo-se aos primeiros traçados. Realçar os desdobramentos como os percebidos, por exemplo, no nariz das mulheres de Picasso (simultaneamente de perfil e de frente). Colocar os olhos das figuras em ângulos diferentes, como se a mulher estivesse sendo vista ora de cima, ora de frente, ora de perfil.

Variação: em folhas coloridas, desenhar um rosto em cada uma. Por exemplo: numa folha azul, desenhar o rosto de perfil e recortar. Em uma folha vermelha, desenhar o contorno de um rosto de frente e recortar. Sobre um fundo amarelo, colar o contorno do rosto de frente e sobre ele, o perfil. Ao final, desenhar os olhos na figura, alterando o sentido: de perfil e frente, na mesma imagem.

A linha do grafite

A pintura grafite é aquela realizada em muros ou paredes nos espaços urbanos. Reflexo das tensões da ocupação dos espaços na cidade, o grafite surgiu nos Estados Unidos entre as populações menos favorecidas economicamente como manifestação da sua maneira de pensar e existir na cidade. Um dos personagens que se tornaram ícone dessa ideia foi Jean-Michel Basquiat.

Fig. 1 – Jean-Michel Basquiat
Sem título, 1983
Acrílico e tinta de óleo em barra sobre tela, 244 x 184 cm
Coleção particular

O desenho de Basquiat une linguagens visuais. O artista dialoga com a pós-modernidade, utilizando-se de imagens da mídia, elementos de diferentes culturas e incorporando citações da história da arte. Seu desenho simplificado, unindo palavras, números, linguagem de quadrinhos, ressalta características neoexpressionistas. A fúria que transparece em seu traçado rápido e contundente revela uma visão crítica da sociedade norte-americana.

O artista iniciou-se na cena artística com o pseudônimo SAMO, grafitando pela periferia de Nova York. Seu estilo ácido atraiu a crítica e artistas como Andy Warhol. As pinturas de Basquiat "mesclavam, engenhosamente, textos rabiscados e imagens de quadrinhos, que faziam referências ao jazz, esportes, renascimento da literatura do Harlem, racismo e outros elementos da experiência negra na América" (Heartney, 2002, p. 23).

O grafite está associado ao ato de deixar uma marca pessoal no espaço coletivo. É possível encontrar ideia semelhante em vários momentos da história da arte: desde a arte rupestre até o movimento muralista mexicano, passando pelos afrescos renascentistas, pelos mosaicos romanos etc.

Atividade 1 – Grafite
Série: ensino médio.

Objetivos: refletir sobre a relação entre o sujeito e a cidade, refletir sobre a função da arte pública, produzir grafite.

Conteúdos: arte rupestre, muralismo mexicano, arte pública, grafite.

Interface: Sociologia, Filosofia, História, Geografia e Língua Portuguesa.

Material básico para desenho e pintura: papel de grandes dimensões ou madeira, ou parede (discutir com os pares – alunos, coordenadores, direção, outros professores – os possíveis espaços de intervenção na escola).

Sequência didática:

1ª parte – discussão sobre o conceito de grafite e arte pública, a partir da observação de obras. Qual a definição de arte pública e por que o grafite pode ser considerado uma manifestação da arte pública?

A definição de arte pública permite o trânsito por várias manifestações. O sentido desse tipo de produção artística se encontra na intenção de o artista intervir permanente ou provisoriamente no espaço público – seja da galeria de arte, da praça, dos aeroportos, hospitais, escolas, parques. Essa intervenção atribui à arte pública a vocação do engajamento – o que pode ser associado ao muralismo mexicano. A definição de arte pública entra na cena artística a partir da década de 60 do século XX e revela diversas experiências com o espaço. Nesse sentido, a produção ligada à ideia de arte pública evoca novas experiências ambientais, estabelecendo uma comunicação direta com o público. O espaço da arte, nessa concepção, ganha outras dimensões, pois atravessa as fronteiras dos lugares de exposição tradicionais – as galerias, os museus – e ocupa outros ambientes, como a rua.

Apreciação de obras:

Fig. 2 – David Siqueiros
Retrato da burguesia, detalhe, 1939-40
Piroxilina sobre cimento, pintado com pistola e aerógrafo
com apoio de máquina fotográfica e projetor, 60 m²
Escada do Sindicato Mexicano dos Eletricistas

O mural criado por Siqueiros revela a característica crítica do muralismo mexicano. Na cena, o artista revela a face violenta da burguesia, oprimindo a todos, de armas nas mãos. No mural, cria oposições com regiões de sombra em contraste com regiões de luz, com variação de tamanho entre as figuras. A cena é de destruição: a imensa figura que se destaca das outras revela uma fúria avassaladora. A expressão que traz no rosto reforça essa ideia. As pequenas figuras do lado esquerdo estão ladeadas por moedas douradas, como se estivessem saqueando tudo.

Fig. 3 – Keith Haring
Sem título, 1984
Óleo sobre tecido, 151,2 x 307,2 cm
Coleção Museu de Arte Moderna, Rio de Janeiro

A pintura de Keith Haring apresenta uma síntese, característica marcante de sua produção artística. Mostra uma cabeça da qual sai uma enorme língua vermelha, sobre a qual três figuras dançam. Na imagem elaborada pelo artista há a ideia de movimento, criada numa linguagem bem atual. As pequenas figuras dançantes mostram-se em diferentes posições, e a ideia de movimento é reforçada com um recurso próprio da linguagem dos quadrinhos: os riscos que ladeiam os corpos. Essa pintura tem forte apelo lúdico. Nessa e em outras de suas criações, Haring utiliza poucas linhas, criando figuras bem definidas sobre uma massa compacta de cor, sem variação tonal. As figuras dançantes de Haring referem-se aos passos de *break* (a dança do movimento *hip-hop*).

Fig. 4 – Robert Smithson
Rampa da Amarillo, 1973
Arenito vermelho, argila com veios de calachi branco
120 m de comprimento x 0-3 m de altura x 3-9 m largura
no topo x 45-48 m circunferência
Foto de Gianfranco Gorgoni
John Weber Gallery, Nova York

Na produção pós-moderna, artistas criam diferentes maneiras de alterar o espaço. Nessa obra de *land art*, Smithson cria uma intervenção temporária que requereu uma equipe de operários para a construção da rampa. Foram necessárias ferramentas não-convencionais e um "suporte" ainda menos tradicional. A intenção foi alterar fugazmente a paisagem e provocar a reflexão do público, que se tornou participante da obra, pois caminha sobre ela alterando-lhe as características (já que, ao andar, movia a terra e modificava o formato.

O contato que tive com essa obra de Smithson foi pela fotografia exposta na XXIV Bienal de Arte de São Paulo. Isso mostra a fugacidade da obra que se perde, deixando apenas o registro fotográfico. Diante disso, pode-se ouvir dos alunos na sala de aula: para que criar uma obra se ela acabará? Essa questão possibilitará reflexões sobre as mudanças de sentido da produção artística, diante das transformações sociais e o papel da documentação e do registro fotográfico.

2ª parte – criação de projetos para grafite. O início dessa proposta deve ser pela conversa sobre a intenção da imagem a ser criada. Onde ela ficará? Quem a verá? Quais as intenções comunicativas com a intervenção no espaço?

Essa reflexão inicial tem sentido, pois a intervenção nos espaços públicos carece de uma clareza de intenções. Devem ser consideradas as pessoas que transitam pelo lugar, suas atividades, a relação delas com o espaço. Também deve ser avaliado o tempo de permanência da obra no ambiente. O grafite deve possibilitar um diálogo reflexivo sobre a convivência naquele espaço e não afastar as pessoas dele. Para a artista Maria Bonomi, a arte pública tem essas questões – como, onde, para quem, por que, quanto custará – como fundamento da criação artística (Bonomi, 1999).

Em seguida, em grupos ou individualmente, os alunos devem criar projetos em papel, desenhando suas ideias. Nessa fase do projeto, o uso de referências de obras de outros artistas contribuirá para a criação, ou seja, enquanto criam seus projetos de intervenção, devem ter livros, imagens, fotografias de jornal ou revista. Realizados os projetos, de acordo com a realidade do professor, a próxima fase é a da criação do grafite. Conforme o espaço destinado ao trabalho, pode ser uma intervenção permanente ou provisória – isso precisa ser combinado com todos.

3ª parte – grafitagem. O grafite pode ser realizado com tinta ou spray, desenhando-se diretamente na parede ou utilizando máscaras. Para realizar o desenho diretamente na parede, utilizar giz de lousa colorido ou giz de cera em cores claras (amarelo, laranja). A parede deve estar limpa, com uma cor de base clara (branca, por exemplo) e sem buracos. Caso a parede esteja em condições ruins e o grupo decida interferir sobre essas condições, isso dependerá da discussão em classe e das intervenções que se quer fazer. Sugiro que os alunos façam a experiência de ampliar na parede o projeto, e não antes. Isso exigirá nova reflexão sobre a linguagem e imporá soluções que se realizarão durante o processo. Depois de desenhar, seguir os mesmos procedimentos para a realização de qualquer pintura.

A variante aqui se dará pelo uso de tinta látex para parede e pelo uso dos corantes para tingir a cor de base (como adiante especificado nos procedimentos de pintura). Podem-se incorporar texturas, utilizando massa acrílica aplicada com as mãos ou espátula, ou palitos, dependendo da textura que se quer criar.

Caso não seja possível realizar o grafite sobre a parede, pode-se realizá-lo em painel de madeira, uma tela grande ou tecido (um lençol, por exemplo). As outras formas podem ser colocadas em diferentes espaços da escola. Caso seja realizado em lençol, pode ficar em um espaço de passagem, como uma cortina. Assim acrescenta-se à obra a sensação tátil da obra-cortina que toca a pessoa que por ela passa.

Variação: a máscara. A máscara para o grafite é um tipo de molde vazado. Ela é realizada sobre um papelão bem grosso e recortada com estilete. Passos para a produção da máscara (molde vazado):

1º – desenhar sobre papelão com lápis grafite;

2º – recortar a linha do desenho, deixando-a com 1 cm de espessura (ou mais, dependendo da espessura do traço que se quer deixar na parede);

3º – ao recortar a linha de contorno do desenho, deve-se tomar o cuidado de deixar pontes (lugares presos), senão toda uma parte da figura será retirada do molde.

Pintura com máscara: a parede deve estar preparada para receber a pintura com spray, da mesma maneira que para a pintura com tinta. Apoiar a máscara na parede e segurar com uma das mãos, bem firme para não sair do lugar. Com a outra mão, o aluno deverá apertar e soltar o pino da lata de spray, com um jato alternado e camadas finas de tinta, mantendo cerca de 20 cm de distância da máscara para não escorrer a tinta. Na embalagem, encontram-se instruções específicas para o produto. Com o tempo, os alunos desenvolverão a própria técnica de pintura com spray. Sugiro o uso de luvas para esse tipo de pintura.

Fig. 5 – Projeto de grafite de aluna do ensino médio

Fig. 6 – Grafite com pintura à mão livre

Fig. 7 – Grafite com pintura à mão livre

Fig. 8 – Grafite realizado por grupo de alunos do ensino médio

A PINTURA

A pintura é uma linguagem que tem como fundamento a utilização de massas de cor para construir a imagem. Em alguns períodos da História da Arte, a pintura requeria um acabamento absolutamente liso. As marcas das pinceladas do artista, a percepção do gesto, da marca do pincel, era algo indesejável. Artistas acadêmicos, ou seja, aqueles que seguiam as regras da academia (regras clássicas) deveriam criar uma pintura perfeitamente lisa. Em contraposição, os artistas modernos criaram uma pintura mais fluida, em que se notava o gesto na obra acabada, ou seja, a pincelada era perceptível, como marca da gestualidade. Essa ruptura trazida pelo impressionismo não foi bem recebida inicialmente, gerando grande polêmica.

Fig.1 – Jean-Auguste-Dominique Ingres
Napoleão I no seu trono imperial, 1806
Óleo sobre tela
Musée de L'Armées, Paris

Artistas como Claude Monet e Pierre-Auguste Renoir tiveram dificuldades para expor seus quadros nos salões oficiais. No entanto, história é processo, e as transformações de um estilo para o outro se deram com passagens produzidas por artistas que se libertaram de estilos mais rígidos e desenvolveram suas próprias concepções de arte. No Brasil, José Ferraz de Almeida Júnior criou retratos com personagens inusitados: pessoas comuns do povo.

Artistas como Francisco de Goya y Lucyentes utilizaram as cores como ênfase no caráter dramático da cena. Seus estilos dialogavam com as correntes estilísticas, mas avançavam nas concepções: Almeida Júnior, com a transformação da temática acadêmica, incorporando personagens populares; e Goya, com a criação de um universo próprio, construindo uma poética peculiar, revelando a percepção irônica da sociedade em que viveu.

Fig. 2 – Francisco de Goya y Lucyentes
O voo das bruxas, 1797-98
Óleo sobre tela, 43 x 30,5 cm
Museu do Prado, Madri

O pintor explorou elementos de misticismo, sendo possível perceber a força da poética popular – dos contos tradicionais, dos personagens macabros – em suas pinturas. Goya criou uma série de gravuras negras, nas quais se utiliza das narrativas tradicionais para criar uma atmosfera soturna e revelar sua visão aguda da realidade espanhola. A pintura desse artista dialoga com o romantismo, mas percorre outras poéticas, tornando-o um pintor com características muito particulares. Da mesma maneira que artistas como Michelangelo, Leonardo, Aleijadinho, Van Gogh, Gauguin, Goya criou sua própria arte: transpôs as fronteiras das definições estilísticas.

Algumas correntes estilísticas tiveram a cor como fundamento. Os artistas *fauves* (feras) foram assim denominados tal a força da cor em suas obras. Os *fauvistas* e os expressionistas utilizaram a cor simbólica (dramática) e a imagística exagerada (Dempsey, 2003, p. 70). A pintura *naïf* (leia os comentários da atividade 1 a seguir) atribui também grande importância à cor.

Fig. 3 – Edvard Munch
O vampiro, 1893-94. Óleo sobre tela, 91x109 cm
Museu Munch, Oslo

Fig. 4 – Edvard Munch
Ansiedade, 1894. Óleo sobre tela, 94x73 cm
Museu Munch, Oslo

Fig. 5 – Asger Jorn
O conselheiro do suicídio, 1950
Óleo sobre tela, 37 x 30,5 cm
Coleção particular, Dinamarca

Na pintura de Jorn, as massas de cor contrastam entre si. O vermelho e amarelo do fundo empurram a figura em preto, como se estivesse prestes a pular para fora da tela. A linguagem expressionista do desenho revela-se na simplificação da forma, quase um delírio fantasmagórico, gerando uma forma distorcida. A característica desse desenho intencionalmente menos elaborado e perturbador, como um impulso mnemônico, é retomada – de outra maneira – na arte bruta.

Fig. 6 – Antônio Poteiro (Antônio Batista da Silva)
Carnaval, 1990
Óleo sobre tela,122 x 47 cm
Coleção particular, São Paulo

A pintura *Carnaval*, de Antônio Poteiro, mostra uma composição a partir da relação entre o contraste de um fundo escuro ocupado por inúmeras figuras com muitas variações de rosa e branco, seguidas de toques de amarelo, vermelho, laranja e verde. A presença marcante do rosa em oposição ao fundo roxo cria um contraste que promove o destaque das figuras que dançam na obra. A composição, na parte inferior da tela, obedece a uma lógica linear: as pessoas estão dispostas lado a lado, atrás do grande pássaro. Acima desse grupo, alguns brincantes se dispõem na região seguinte, ainda em linha. Essas figuras, no entanto, estão em movimento. Acima delas, outra linha com pessoas que estão sobre um animal azul. O bicho lembra um lagarto.

A obra causa um estranhamento: tem a intenção da profundidade, mas a disposição não gera essa ilusão. As linhas que o artista utiliza para criar alterações nos planos da obra parecem ora ocupar o espaço todo em primeiro plano, ora alternar-se em regiões mais próximas e mais distantes. Essa ludicidade do artista *naïf*, que utiliza livremente concepções tradicionais na arte, aproxima a obra do espectador, pois revela soluções não padronizadas.

Fig. 7 – Henry Matisse
O ateliê vermelho, 1911
Óleo sobre tela, 181 x 219,1 cm

Matisse desenvolveu seu trabalho com diferentes estilos. Um deles, bastante marcante, influenciou toda a produção *fauvista* (que utilizava a cor pura, feroz). *O ateliê vermelho* mostra como o artista, com a redução da paleta de cores, consegue criar uma atmosfera tão variada e intrigante. Os diferentes objetos se destacam no plano vermelho de maneira diversa. A cor intensa funciona como um elemento de coesão dos objetos em planos diferentes. Todos são lançados ao espectador numa unidade, criando a atmosfera do ateliê de artista, amante da cor. A suavidade das linhas amareladas que sugerem os móveis no espaço, as obras dispostas nas paredes e o contraste do prato branco, em primeiro plano sobre a mesa, revelam a maestria desse artista que utiliza poucos elementos com o máximo de aproveitamento.

Atividade 1 – Leitura de uma obra *naïf* e criação de pintura
Séries: educação infantil e ensino fundamental I.
Objetivos: estimular a criação a partir da leitura de imagens, produzir pinturas a partir de experiências sensoriais.
Conteúdos: pinturas de José Antônio da Silva, criação de narrativas visuais.

Interface: Língua Portuguesa, Geografia e Ciências.
Material básico para pintura: veja indicações no capítulo "Procedimentos e materiais: algumas dicas".

Fig. 8 – José Antônio da Silva
Caminho para a festa, 1968
Óleo sobre tela 70 x 100 cm
Pinacoteca do Estado de São Paulo

Sequência didática:
Atividade de estimulação sensorial. Antes de apresentar a obra, levar para a sala folhagens, por exemplo, de eucalipto, em um saquinho de tecido. Pedir às crianças que fechem os olhos e sintam o cheirinho das folhas. Colocar, ao mesmo tempo, uma música instrumental. Entregar às crianças, que mantêm os olhos fechados, papéis de bala (de festa) ou balas embrulhadas e pedir que os tateiem e descrevam o que percebem. Depois apresentar a obra e ler o título da tela: *Caminho para a festa*. Perguntar aos pequenos sobre os cheiros da mata e os cheiros da festa. Conversar sobre os preparativos para ir a uma festa. Depois, conversar sobre como o artista criou a mata, quais as cores utilizadas. Perguntar por que as pessoas são pequenas, onde e como acham a festa. Pedir às crianças que mostrem na obra os argumentos, ou seja, por que creem que a festa será daquela maneira. Quais as pistas que o artista dá na imagem? Mostrar outras obras do artista e atentar para a mudança de estilo de pintura nas diferentes fases. Após esse momento, instigar as crianças a imaginarem detalhes sobre o local da festa, os convidados, os anfitriões, as cores, os sabores. Entregar papéis grandes para que cada criança crie uma pintura sobre uma festa e nomeie sua obra.

Comentários:
Uma obra de estilo *naïf* significa também ingênuo. No catálogo da exposição *Naïfs brasileiros*, o estilo é assim explicado:

O termo *naïf* teve início na virada do século XIX quando alguns artistas franceses se inspiraram na força transmitida pelos trabalhos dos povos primitivos, de crianças, e também de loucos, para desenvolverem uma nova linguagem pictórica. Este tipo de pintura se apega a detalhes, a formas rústicas, executadas com traços firmes, com grafismo elaborado, e cores densas. (Amiel e Amiel, 2002)

No Brasil, a arte *naïf* vinculou-se à poética popular e, nas obras aqui selecionadas de José Antônio da Silva, revela aspectos do Brasil rural. Na pintura *Caminho para festa*, o artista mostra uma família montada num cavalo, caminhando por uma plantação. As cores intensas do cenário atribuem força à mata. As figuras podem ser comparadas aos desenhos infantis.

Atividade 2 – Antônio Poteiro
Séries: todas.
Objetivos: produzir pintura, explorando elementos da linguagem visual de Antônio Poteiro, produzir imagens estabelecendo diálogos poéticos.
Conteúdos: pintura, poesia e realidade.
Interface: Língua Portuguesa, História.
Material básico para pintura: veja indicações no capítulo "Procedimentos e materiais: algumas dicas".
Sequência didática:
1ª parte – apreciar a obra *Congresso nacional*, de Antônio Poteiro.

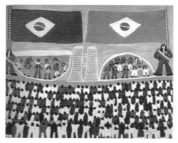

Fig. 9 – Antônio Poteiro (Antônio Batista de Souza)
Congresso Nacional, 1985
Óleo sobre tela, 133 x 153 cm
Coleção particular, São Paulo

2ª parte – observar a maneira como o artista transforma o espaço pictórico: as texturas, a repetição de elementos, a planificação do espaço, os elementos decorativos, as cores vibrantes. Analisar os aspectos sensoriais da obra, o quanto a pintura é tátil, como o artista cria diversas texturas, a partir do uso da linha em diferentes direções e da cor.

3ª parte – criar uma pintura, incorporando elementos visuais da obra de Poteiro, como personagens, texturas, organização espacial.

Variação: para alunos da segunda fase do ensino fundamental e do ensino médio. Criar uma cena narrativa a partir da obra *Congresso nacional*, estabelecendo um diálogo com o poema "Esperança", de Mário Quintana (1998, p. 118).

> Lá bem no alto do décimo segundo andar do Ano
> Vive uma louca chamada Esperança
> E ela pensa que quando todas as sirenas
> Todas as buzinas
> Todos os reco-recos tocarem
> Atira-se
> E
> – Ó delicioso voo!
> Ela será encontrada miraculosamente incólume na calçada,
> Outra vez criança...
> E em torno dela indagará o povo:
> – Como é teu nome, meninazinha de olhos verdes?
> E ela lhes dirá
> (É preciso dizer-lhes tudo de novo!)
> Ela lhes dirá bem devagarinho, para que não esqueçam:
> – O meu nome é ES-PE-RAN-ÇA...

4ª parte – análise das produções e observação de duplo aspecto: incorporação de elementos visuais da obra de Poteiro e (no caso da variação da atividade) da criação de um diálogo com o poema de Mário Quintana.

Comentários:

Antônio Batista de Souza, Antônio Poteiro, ficou assim conhecido como referência à sua produção de cerâmicas. O artista criou séries de enormes potes de cerâmica, tão vigorosamente decorados com figuras que pareciam querer saltar das paredes das peças. Eram potes muitas vezes com quase dois metros de altura, ricamente decorados com elementos da natureza ou figuras do cotidiano. Artista *naïf*, cria com a mesma poesia cerâmicas e pinturas.

Nessa obra, cria uma outra representação para o prédio do Congresso brasileiro. Suas cúpulas são transparentes e se enchem de pessoas com as mãos dadas. O centro da estrutura do prédio lembra chaminés. São duas estruturas interligadas, com divisões texturizadas como tijolos. A multidão ocupa o pátio defronte o Congresso. As cores da bandeira brasileira se repetem por toda a pintura. Duas enormes bandeiras são apoiadas em dois homens gigantescos, desproporcionais em relação às outras pessoas. Os dois, com faixas presidenciais, opostos na cena, parecem aguardar – ou guardar – a vez. A massa humana que lota o pátio não deixa espaço: cria uma impressão de compactação, em que não se percebe quando termina um e começa outro. Os braços não são vistos, como se dessem as mãos pela frente do corpo. Há na cena uma tensão causada pela massa humana que se posta diante do Congresso. Ao mesmo tempo, as pessoas na cúpula do lado esquerdo acompanham-lhe o contorno, como se estivessem brincando de escorregar. A bandeira que fica à esquerda traz a palavra "Amor" escrita no lugar de "Ordem e Progresso". O artista cria uma ideia de movimento, utilizando a alternação do verde-amarelo que se move diante dos olhos como ondas.

Atividade 3 – José Ferraz de Almeida Júnior – desenho e pintura
Séries: ensino fundamental II e médio.

Objetivos: analisar narrativas visuais, produzir pinturas a partir de elementos expressivos de pinturas de Almeida Júnior.

Conteúdos: pinturas de Almeida Júnior, linguagem da pintura.

Interface: Língua Portuguesa e História.

Material básico para desenho e pintura: veja indicações no capítulo "Procedimentos e materiais: algumas dicas".

Sequência didática:

1ª parte – leitura de duas obras de Almeida Júnior: *Violeiro* e *Caipira picando fumo*.

Nas obras dessa fase, o pintor utilizou-se da imagem do caboclo

Fig. 10 – José Ferraz de Almeida Júnior
Violeiro, 1899
Óleo sobre tela, 141 x 172 cm
Pinacoteca do Estado de São Paulo

fora das atividades de trabalho. O caipira que retrata insere-se em outras situações que não as da lavoura. O Brasil de Almeida Júnior é repleto de imagens de homens e mulheres em harmonia, tranquilos, sem o sofrimento do trabalho pesado na lavoura. Diferentemente de Portinari, as personagens de Almeida Júnior não sofrem com as questões sociais que se colocam no país.

Fig. 11 – José Ferraz de Almeida Júnior
Caipira picando fumo, 1893
Óleo sobre tela, 70 x 50 cm
Pinacoteca do Estado de São Paulo

Calmamente, o caipira parece produzir o seu cigarro de palha. O homem do interior, o trabalhador rural, para esse artista, é digno de representação. Importante para o desenvolvimento de qualquer país, o caipira aparece após o dever cumprido.

2ª parte – exercício de copismo (cópia da imagem). Entregar aos alunos uma fotocópia de uma das pinturas. Orientá-los a traçar, com régua, duas linhas que dividam a imagem verticalmente e horizontalmente. Ao final, haverá uma cruz que dividirá a imagem em quatro partes (quadrantes). Em uma folha branca, os alunos farão a mesma divisão, duas linhas que se cruzam, reproduzindo a linha da imagem. Dessa maneira, terão uma divisão igual àquela que fizeram sobre a reprodução da pintura de Almeida Júnior. Isso fará com que observem a proporção dos elementos e consigam perceber a organização espacial da obra. Desse modo, estarão observando a obra do artista, analisando a linguagem do desenho e, ao mesmo tempo, criando sua interpretação para a construção do desenho. Não é necessário quadricular a imagem para reproduzi-la, pois isso torna a linha inexpressiva. Para desenhar, os alunos devem iniciar pelo quadrante superior, desenhando as linhas gerais da imagem. No caso do violeiro, devem desenhar a janela, pois é ela que ocupa a maior parte da imagem, criando uma moldura para os personagens. Iniciar o desenho de figura humana pelo violeiro, primeiro com linhas retas que delimitem o lugar que ele ocupa, depois, com linhas curvas que revelem o contorno da figura. É importante observar as linhas de referência (a cruz que divide a imagem) e manter-se dentro dos limites para cada figura.

Esse primeiro desenho ficará muito marcado, pois é nele que aparecerão as dúvidas, os acertos, os erros. Os alunos não devem se preocupar muito com apagar o que está errado, os acertos estarão ali. Quando considerarem terminado, devem passar o desenho a limpo em uma mesa de luz ou no que chamo de "janela de luz". Isso consiste em prender – com fita crepe – a folha do desenho sobre uma janela e, sobre ele, prender uma folha branca. Copiar os contornos da figura humana na folha branca. Nesse momento, dizer aos alunos para fazerem traços leves. Depois de retirado da janela, o desenho passado a limpo pode ser corrigido.

3ª parte – pintura da imagem. Transferir o desenho para tela, papelão ou tecido, utilizando papel carbono amarelo ou com o recurso da janela de luz (colocar o esboço sob a tela e posicioná-la na janela para que passe luz entre o desenho e a tela. Copiar o desenho na tela). Depois que os alunos finalizarem o desenho, deverão criar nova ambientação para a figura humana, inventando outro contexto. Uma sugestão é pedir que tornem a cena atual, inserindo elementos contemporâneos. Há várias possibilidades. Nesse momento, os alunos devem sentir-se livres para criar novos ambientes, estabelecendo diálogos com a obra de Almeida Júnior. A ambientação pode ser um estudo da relação entre a figura e o fundo com elementos abstratos, geométricos no fundo da figura. Por fim, realizar a pintura, seguindo os procedimentos para pintura na página...

Sugestão:

Caso seja a primeira pintura a ser realizada pelos alunos, sugiro que realizem um estudo de cor no papel. Antes de transferir o esboço para a tela, os alunos devem pintar os ambientes e a figura num projeto em papel. Dessa maneira, ao iniciar a pintura, suas escolhas já terão sido estudadas anteriormente.

Fig. 12 – Pintura realizada por aluna do ensino médio

Fig. 13 – Pintura realizada por aluno do ensino médio

Atividade 4 – Tarsila do Amaral
Séries: ensino fundamental II e médio.
Objetivos: analisar obras de Tarsila do Amaral, criar pinturas cubistas.
Conteúdos: pinturas de Tarsila do Amaral, modernismo brasileiro, cubismo.
Interface: Língua Portuguesa, Geografia e História.
Material básico para pintura: veja indicações no capítulo "Procedimentos e materiais: algumas dicas".

Sequência didática:
1ª parte – leitura de imagens.

Fig. 14 – Tarsila do Amaral
EFCB *(Estrada de Ferro Central do Brasil)*, 1924
Óleo sobre tela, 142 x 127cm
Museu de Arte Contemporânea da Universidade de São Paulo

Fig. 15 – Tarsila do Amaral
São Paulo,1924
Óleo sobre tela, 57 x 90 cm
Pinacoteca do Estado de São Paulo

Iniciar a leitura a partir da reflexão sobre a maneira como a artista cria o espaço pictórico. Sugiro as questões: As pinturas da artista ambientam-se na cidade? Quais os elementos utilizados reiteram essa ideia? A quais cidades as pinturas se referem? Como é possível saber? São cidades antigas ou modernas? Quais as comparações possíveis entre as cidades de Tarsila (do início do século XX) e as cidades Rio de Janeiro e São Paulo do século XXI? Quais os recursos visuais utilizados para criar as imagens? O cubismo de Tarsila do Amaral diferencia-se do cubismo de Picasso e Braque. Por quê?

A artista cria sua própria leitura do cubismo. Empresta daquele estilo os elementos favoráveis para reconstruir as imagens de seu cotidiano. Antropofagicamente, a artista incorpora aspectos da geometrização cubista e transforma-a a partir de sua própria reflexão sobre o espaço pictórico. Assim, suas produções dessa fase são geometrizadas como uma reorganização do espaço e uma análise da vida nas cidades que se modernizavam.

2ª parte – criação de pinturas. Os alunos, nessa atividade, desenvolverão um grande painel coletivo. Entregue a eles uma fotocópia em transparência de uma das obras escolhida pelo grupo. Outra possibilidade é realizar uma fotocópia em papel comum e depois, com caneta de retroprojetor, copiar a imagem em papel transparente. Com o auxílio de um retroprojetor, projetar a transparência em um painel preso na parede (de grandes dimensões, pode ser um lençol, algodão cru, papel em rolo) e pedir a alguns alunos para copiar a imagem no painel. Depois, o grupo deve continuar a imagem do painel, preenchendo os espaços, inserindo elementos novos, observando o estilo geometrizado da artista. Sugiro a consigna: "O que eu trago para a cidade?" ou "A minha cidade é...". Dependendo do número de alunos e do tamanho do painel, é possível trabalharem juntos. Caso o painel seja pequeno para o número de alunos da classe, pode-se trabalhar com mais de um painel, com obras diferentes em cada um.

Avaliação:
Leitura coletiva do painel e análise da incorporação de elementos geometrizados na obra e a transformação da pintura de Tarsila. Como a cidade ficou após a incorporação dos elementos realizada pelo grupo?

Comentários:
A artista trouxe da Europa ideias cubistas influenciadas pela cultura brasileira. Inseriu em seus trabalhos as cores caipiras, apropriadas ao jeito brasileiro. Essas cores eram luminosas, próprias do sol refletido nas paisagens brasileiras. Importante artista do movimento modernista, Tarsila procurava mostrar um Brasil a partir das raízes culturais populares.

Fig. 16 – Pintura realizada por aluna do ensino fundamental II

Atividade 5 – Alfredo Volpi
Séries: ensino fundamental II e médio.
Objetivos: analisar a figuração e a abstração nas obras de Volpi, refletir sobre modos de viver na cidade, criar imagens.
Conteúdos: figuração e abstração, fachadas, a relação entre o sujeito e a cidade.
Material básico para pintura: recortes de notícias de jornal sobre acontecimentos na cidade, referindo-se a situações vividas por pessoas em suas casas, régua, cola e tesoura.
Interface: é possível a interface com as áreas de Literatura, Geografia e História. Para a interface com a Literatura, sugiro

a leitura da obra *O cortiço*, de Aluísio Azevedo, que trata da temática da vida num espaço pequeno com a privacidade limitada pela invasão do grupo. Para a interface com a Geografia, sugiro o estudo da geopolítica de cidades, analisando bairros onde predominam casas geminadas. Para a interface com a História, sugiro a análise das relações entre os grupos e as situações de conflito em função das disputas por espaço.

Sequência didática:

1ª parte – leitura de imagens.

Fig. 17 – Alfredo Volpi
Casario de Santos, 1952
Têmpera sobre tela, 116 x 73 cm
Coleção particular, São Paulo

Fig. 18 – Alfredo Volpi
Fachada, 1955
Têmpera sobre tela, 142 x 71cm
Coleção particular, São Paulo

Fig. 19 – Alfredo Volpi
Xadrez branco e vermelho, final dos anos 1950
Têmpera sobre tela, 55 x 102 cm
Coleção particular, São Paulo

A leitura pode ser iniciada pela análise das fachadas. Como são as fachadas de Volpi? Têm volumes ou são chapadas? O que as fachadas sugerem? Como é a ideia de espaço que se tem dessas cidades? Há abundância de espaço ou é escasso? Que tipo de residências são? É possível inferir como vivem as pessoas nessas casas? E como seriam elas? Como o artista utiliza as cores? Qual a função da repetição das formas e cores nas obras? Qual a diferença entre as fachadas e a obra *Xadrez branco e vermelho*? Pode-se afirmar que as três obras são figurativas? Por quê?

Obras figurativas são compostas de imagens a que se atribui uma forma conhecida: casas, portas, janelas, pessoas, vasos etc. As abstratas são compostas de formas que não correspondem à natureza: formas geométricas, linhas, manchas de cor.

2ª parte – produção de imagem. A partir da leitura de notícias de jornal, os alunos deverão criar fachadas de casas para as personagens das narrativas jornalísticas, observando as características sugeridas pela reportagem ou inferidas pelos alunos. O fundo da pintura, inspirado em Volpi, será geometrizado, utilizando-se régua para dividir o espaço. Após a criação do cenário, os alunos deverão acrescentar elementos para caracterizar a vida que ocorre por trás das fachadas. O professor pode estimular os alunos a colar palavras da notícia e elementos externos à pintura.

Avaliação:
Analisar a criação da imagem como reflexão da discussão realizada e a organização da estrutura da pintura a partir da geometria de Volpi.

Comentários:
O pintor integrou o Grupo Santa Helena, que trabalhava com pintura de paredes. Sintetizando as fachadas das casas observadas nas ruas, o pintor criou uma paisagem colorida e alegre, alterando a maneira acadêmica de pensar a forma. As fachadas lembram casas geminadas, presentes nos centros velhos de cidades como São Paulo, Recife, Salvador. Observando as casas de Volpi atentamente, pode-se até imaginar as vozes que de lá saem. Casas geminadas, paredes ligadas, o som dos afazeres domésticos compartilhado. As casas de Volpi suscitam a vida com pouca privacidade tal qual se vive nos cortiços.

Fig. 20 – Pintura criada por aluno do ensino médio

Atividade 6 – José Antônio da Silva
Séries: ensino fundamental II e médio.
Objetivos: criar paisagens a partir da obra do pintor *naïf* José Antônio da Silva.
Conteúdos: ecologia e meio ambiente, pinturas de paisagem.
Interface: Geografia e História.
Material básico para pintura: veja indicações no capítulo "Procedimentos e materiais: algumas dicas".
Sequência didática:
1ª parte – observação das obras *Algodoal* e *Fazendinha*.

Fig. 21 – José Antônio da Silva
Algodoal, 1950
Óleo sobre tela, 51,5 x 101,8 cm

O artista cria uma paisagem a partir das linhas diagonais, vermelhas e brancas dos veios da terra. Em contraposição a elas, árvores se erguem ao longo da paisagem, e dois troncos caídos interrompem o sentido da leitura e trazem o olhar do leitor de volta para o tema da obra. A vastidão da paisagem, que se prolonga nas muitas linhas diagonais que compõem o fundo da imagem, faz esquecer a – quase – ausência de vegetação (que sobrevive no pouco verde da pequena árvore em primeiro plano). A obra, muito geométrica, discute a realidade do desmatamento iminente.

Fig. 22 – José Antônio da Silva
Fazendinha, 1957
Óleo sobre tela, 30 x 40 cm

A obra *Fazendinha* apresenta uma solução pictórica de simplificação das formas, síntese dos elementos e definição das zonas de cor. Aqui, cada cor ocupa um lugar delimitado, com uma textura interessante na região do céu. O artista cria pontos coloridos, como um céu estrelado de cores.

2ª parte – criação de pintura. Pedir aos alunos que iniciem a marcação do suporte, dividindo o espaço em região de céu e terra. Depois, delimitar os espaços de elementos da paisagem: casas, árvores, montanhas etc. A seguir, como na obra de José Antônio da Silva, os alunos deverão pintar cada região com uma cor, sem texturização. Após a secagem da primeira etapa, criar linhas com o pincel sobre o suporte. Nessa fase, a tinta deve estar bem diluída. Por fim, texturizar sobre a cor de base todas as regiões da tela com linhas sobrepostas, pontos coloridos, hachuras. Os alunos deverão criar uma paisagem, utilizando linhas diagonais para dar a ideia de profundidade à imagem. Por fim, caso queiram, desenhar com o pincel elementos que identifiquem a presença humana na paisagem.

Avaliação:

Observar as imagens produzidas pelos alunos, analisando o uso das cores, a criação de texturas, a ilusão de profundidade.

Atividade 7 – Emiliano Di Cavalcanti

Fig. 23 – Pintura criada por aluno do ensino médio

Fig. 24 – Pintura criada por aluno do ensino fundamental II

Séries: ensino fundamental II e médio.
Objetivo: analisar a figura humana na obra de Di Cavalcanti.
Conteúdo: a mulher brasileira.
Interface: Língua Portuguesa, História e Geografia.
Material básico para pintura: veja indicações no capítulo "Procedimentos e materiais: algumas dicas".
Sequência didática:
1ª parte – observação de pinturas de Emiliano Di Cavalcanti. Como o artista retrata as mulheres? A primeira mulher (*Mocinha com gato na janela em Ouro Preto*) tem a mesma atmosfera da segunda (*Bailarinas de circo*)? Por quê? Qual a imagem de mulher que Di Cavalcanti revela nas duas obras? É possível afirmar que a obra do pintor é uma homenagem à mulher brasileira? Por quê? Quais as diferenças fundamentais entre as duas obras? Como é o ambiente onde estão as duas mulheres? É possível supor a vida que elas levam? Para onde olham essas mulheres? O que há além da janela? Quais serão seus devaneios? O que sonham? Descreva as imagens, incorporando elementos das obras para justificar a descrição.
2ª parte – criação de imagem. Os alunos deverão criar uma imagem

Fig. 25 – Emiliano Di Cavalcanti
Mocinha com gato na janela em Ouro Preto, s.d.
Óleo sobre tela, 78 x 62 cm
Pinacoteca do Estado de São Paulo

Fig. 26 – Emiliano Di Cavalcanti
Bailarinas de circo, s.d.
Óleo sobre tela, 65 X 53,5 cm
Coleção particular

como um devaneio, em que apareçam os sonhos mais irrealizáveis, as aspirações mais incontidas.

Avaliação:

Observar como os sonhos individuais aparecem refletidos nas imagens e como dialogam com os desejos dos outros e com questões cotidianas da sociedade.

Fig. 27 – Pintura criada por aluna do ensino médio

Fig. 28 – Pintura criada por aluna do ensino médio

Fig. 29 – Pintura criada por aluna do ensino médio

A TRIDIMENSIONALIDADE

Neste segmento, abordarei a tridimensionalidade em sentido amplo. O termo é aqui utilizado de forma a abranger vários tipos de produção não bidimensionais. Dessa maneira, estão contempladas também instalações, *assemblages* (conjunto de objetos), construções, termos desenvolvidos por artistas modernos e contemporâneos como maneira de identificar obras que haviam rompido com os limites possíveis para o termo "escultura".

A produção artística tridimensional acompanha toda a história da arte. Construídas na forma de esculturas, esse tipo de obra pode ser encontrada nos espaços públicos e privados. Esculturas como *Vênus de Milo*, *O pensador*, de Rodin, e *Pietá*, de Michelangelo, são muito conhecidas do grande público.

Fig. 1 – Escultura grega
Vênus de Milo, segunda metade do século II a.C.
204 cm de altura
Museu do Louvre, Paris

Fig. 2 – Auguste Rodin
O pensador, 1880
Bronze, 183 cm
Museu Rodin, Paris

Fig. 3 – Michelangelo Buonarotti
Pietá, 1499
Mármore, 174 cm de altura e 195 cm de largura na base
Basílica de São Pedro, Roma

    A criação de uma escultura diferencia-se do desenho e da pintura por sua essência tridimensional: tem largura, altura e profundidade. Esse fato impõe outra maneira de pensar a forma, pois esta deve ser apreciada em todos os seus lados. A escultura relaciona-se com o espaço de maneira diferente da pintura e do desenho. Enquanto a pintura e o desenho, tradicionalmente, fixam-se numa parede, ou em um suporte, e faz com que o leitor da obra se poste diante dela para apreciá-la, a escultura pede interação. O leitor anda, percorre, caminha em torno para observar a escultura.

Na contemporaneidade, outras formas foram criadas: instalações, *assemblages*, objetos. Essas outras formas tridimensionais surgiram como uma necessidade de incorporar diferentes elementos à criação artística.

Atividade 1 – Cenários e narrativas
Série: ensino fundamental I.
Objetivo: criar maquetes de cenários a partir de narrativas.
Observação: o exemplo que utilizo aqui é a peça *Romeu e Julieta*, de Shakespeare.
Conteúdos: arquitetura urbana, cenografia e teatro.
Interface: Língua Portuguesa, Geografia, História e Matemática.
Material básico para escultura: veja indicações no capítulo "Procedimentos e materiais: algumas dicas".

Sequência didática:
1ª parte – observação de esculturas feitas por Michelangelo e seu trabalho como arquiteto-chefe por vinte anos na construção da Catedral de São Pedro. Conversa sobre a importância que ele dava ao espaço urbano e reprodução de esculturas.

2ª parte – pesquisa de esculturas e construções antigas (prédios, casas, igrejas etc.) que estejam presentes no espaço urbano público.

3ª parte – apreciação dos dados da pesquisa pelo grupo e socialização das informações. Sugiro questões para orientar a pesquisa e posterior registro das conclusões em um mural na sala. Questões: qual a função das esculturas nas ruas? Em que estado de conservação foram encontradas? Os espaços deveriam ser preservados? Qual a importância de manter um prédio antigo e não derrubá-lo para construir um "novinho em folha"? Ressaltar a memória histórica que representam as construções, pois cada prédio, cada escultura, cada objeto tridimensional, representa a história de um período, representa a memória coletiva. Esses objetos tridimensionais são a narrativa visual urbana das histórias das vivências na cidade. Por isso, é importante que os alunos conheçam as preciosidades de seu bairro ou sua cidade para conhecer melhor a sua própria história de cidadão que vive no espaço urbano.

4ª parte – escolha de cenas do texto para transformá-las em cenários. No exemplo escolhido aqui, seleciono a "cena do balcão" – da conversa entre Romeu e Julieta, no balcão da casa de Julieta:

> Como já era meia-noite, Romeu e seus companheiros partiram. Mas em pouco tempo os dois o perderam de vista. Romeu não conseguia abandonar o local onde tinha deixado seu coração. Pulou de volta o muro e caiu no pomar nos fundos da casa de Julieta.
>
> Estava ali há pouco tempo, meditando sobre seu novo amor, quando Julieta apareceu à janela. Sua beleza extraordinária despontava como a luz do sol ao nascer. E a lua, que brilhava sobre o pomar, pareceu a Romeu triste e pálida, diante do brilho incomparável de seu novo sol.
>
> Ao vê-la com o rosto apoiado na mão, desejou ardentemente ser uma luva, para poder tocar a face de sua amada. Nesse momento, Julieta, pensando-se sozinha, soltou um profundo suspiro: – Ai de mim! Romeu, maravilhado ao ouvi-la falar, disse suavemente, sem ser ouvido:
>
> – Oh, fala outra vez, anjo de luz, pois é assim que te vejo. Tu és um mensageiro alado do céu, que derruba ao chão os atônitos mortais.
>
> Ela, sem perceber que estava sendo ouvida, repetiu várias vezes o nome do seu amado.
>
> – Oh, Romeu, Romeu! Por que és tu, Romeu? Renega teu pai, rejeita teu nome por mim. Ou então, jura teu amor por mim, que deixarei de ser uma Capuleto.
>
> Romeu ganhou coragem para falar. Mas antes queria ouvir mais.
>
> E a jovem continuou seu solitário discurso, sempre repreendendo Romeu por seu nome e sobrenome.
>
> – Como desejo que tivesses outro nome! Renega este nome odiado, que não faz parte de ti, e me terás inteira.
>
> Como se aquelas palavras tivessem sido dirigidas diretamente a ele, e não à noite vazia, Romeu não conseguiu mais se conter.
>
> – Então me chama de Amor, ou de qualquer outro nome que queiras. Se meu nome te desagrada, não sou mais Romeu.

Julieta, surpresa ao ouvir a voz de um homem no jardim, a princípio não percebeu quem era aquele que, protegido pela escuridão, tinha escutado o seu segredo. Mas, quando Romeu falou de novo, ela descobriu imediatamente quem era. Embora tivesse escutado menos de cem palavras pronunciadas por aquela boca, Julieta reconheceu a voz. Como são bons os ouvidos dos apaixonados!

Preocupada, advertiu Romeu para o perigo que ele corria ali no pomar. Se algum parente dela o encontrasse, seria a morte.

– Ai! – disse Romeu. – Em teus olhos há mais perigo que em vinte espadas de teus parentes.

Olha-me com doçura, que eu estarei protegido de tanto ódio. Prefiro que minha vida termine pelo ódio dos Capuletos a ter uma vida odiosa e longa, longe do teu amor.

– Como entraste aqui? – quis saber Julieta. – E por informação de quem?

– O amor me guiou – respondeu Romeu. – Não sou um navegante, mas se tu estivesses tão longe de mim quanto a mais vasta praia, banhada pelo mais distante mar, eu me aventuraria por tal prêmio.

Ainda escondido pela noite, o rosto de Julieta se enrubesceu quando ela se deu conta da revelação de seu amor. Gostaria de retirar suas palavras, mas já não era possível.

Seria muito mais fácil e adequado preservar as aparências, mantendo o amante à distância, como era costume entre as jovens recatadas. No início, sempre se mostravam frias e calculistas. Respondiam a seus pretendentes com ásperas negativas e se afastavam aparentando timidez ou indiferença, para que os amantes não pensassem mal delas, nem as considerassem presas fáceis. Pois quanto maior a dificuldade de uma conquista, maior o seu valor.

Mas Julieta não tinha ânimo para negativas, evasivas ou qualquer das artimanhas usadas para atrasar e prolongar a corte. Romeu tinha ouvido de sua própria boca uma confissão de amor, quando ela nem imaginava que ele estivesse por perto.

Então, com grande franqueza, Julieta confirmou a verdade que ele já tinha escutado. Chamando-o de belo Montecchio (o amor tem a capacidade de açucarar um nome amargo), suplicou que ele não a considerasse leviana, nem dona de pensamentos impróprios. Que ele atribuísse a falta, se é que houve falta, ao acaso que tão estranhamente revelou seus pensamentos. E acrescentou que, embora seu comportamento talvez não parecesse muito prudente, de acordo com os costumes femininos, ela estava sendo mais verdadeira do que muitas, cuja prudência era fingida e cujo recato era artificial.

Atribuir uma sombra de dúvida a tão honrada dama? Nada estava mais distante dos pensamentos de Romeu.

– Posso invocar o céu como testemunha! – garantiu.

Mas Julieta o interrompeu:

– Não jures, por favor. Embora tu me deixes feliz, não sinto nenhuma felicidade com o que ocorreu esta noite. Foi tudo rápido demais, imprudente demais e inesperado demais.

E, como Romeu insistisse em trocar uma promessa de amor, ela explicou que isso não era necessário.

– Esta jura eu já fiz, antes mesmo de pedires. Mas posso retirar tudo o que disse, apenas pelo prazer de dizê-lo novamente. Neste instante, meu arrebatamento é tão infinito e meu amor tão profundo quanto o maior dos oceanos.

Neste momento, a conversa de amor foi interrompida pela camareira de Julieta.

– Já é hora de ir para a cama, senhorita, pois o sol está para nascer.

Então, voltando rapidamente à janela, a jovem disse mais três ou quatro palavras a Romeu. Prometeu que, se o amor de Romeu fosse verdadeiro, bem com seu propósito de casamento, ela lhe mandaria um mensageiro no dia seguinte, para marcar a data da cerimônia.

– Vou depositar minha sorte a teus pés, e seguir-te pelo mundo.

Enquanto acertavam os últimos detalhes, Julieta foi chamada várias vezes pela camareira. A jovem apaixonada entrava e saía do quarto seguidamente, aflita ao ver Romeu se afastar. Parecia uma garota com um passarinho nas mãos: num momento o deixava voar um pouquinho, em seguida o puxava com um cordão de seda.

Romeu estava tão relutante em partir quanto ela, pois, para os amantes, a voz do outro durante a noite é a música mais suave. Mas os dois finalmente se separaram, cada um desejando para o outro uma doce noite de sono e de descanso. (Shakespeare, 1996, pp. 15-20)

5ª parte – produção dos cenários. Projeto: desenho no papel do cenário a ser construído, que será transformado em maquetes. Depois de selecionada a cena, conversar com os alunos sobre a cenografia: onde acontece a cena? Em que momento da noite? Como deve ser o balcão de uma casa? Em que século a história se passa? Como eram as casas naquela época? As construções da pesquisa sobre a arquitetura renascentista servirão de base para a produção dos desenhos para o cenário. Os alunos devem incorporar elementos da pesquisa aos projetos cenográficos.

Maquetes: podem ser seguidos diferentes caminhos para a criação das maquetes. Um deles é a seleção de objetos de sucata – limpos –, que de acordo com a forma podem ser incorporados à maquete e, depois, pintados. O uso da sucata deve ser feito como material de base a ser trabalhado e não como forma final. É interessante utilizar embalagens de papelão e transformá-las em outras formas. Por exemplo: as caixas de ovo podem servir como estrutura para cadeias montanhosas se tiver uma complementação de outras formas para criar a variação de alturas. Podem também ser utilizadas para fazer a cabeça de um animal como a de um jacaré.

Outra maneira é desenhar as fachadas sobre papelão, pintá-las e depois montá-las. Perceba-se: a lógica aqui é bidimensional, pois é o desenho pintado que se torna tridimensional e não a criação que se estrutura a partir do pensamento da forma com três dimensões. As peças do cenário, construídas separadamente, podem ser coladas sobre uma base, que deverá ser pintada como parte da obra.

Cada região brasileira caracteriza-se por suas variações regionais. É recomendável incorporar matérias da região e discutir as características das particularidades do entorno da escola com os alunos. Sugiro que sejam mostrados exemplos de maquetes de cenários. A interface com a Matemática é fundamental sob dois aspectos: noção de perímetro e de planificação de sólidos geométricos. Sugiro o uso sempre de material biodegradável. Por isso, não recomendo a utilização de blocos de isopor.

6ª parte – pintura dos cenários depois de colados e secos.

Avaliação: atividades de avaliação:

1ª – registro das conclusões da pesquisa em cartaz realizado em grupo, utilizando recursos visuais e texto verbal.

2ª – projeto de maquete: desenho do cenário, antes de iniciar o projeto tridimensional.

Comentários:
Dando continuidade ao estudo do Renascimento através da ótica de Michelangelo e considerando que ele era predominantemente escultor, trabalharemos com a ideia de tridimensionalidade dentro do espaço urbano.

Fig. 4 e 5 – Cenários criados por alunos da 2ª série do ensino fundamental

Atividade 2 – *Assemblages*
Séries: ensino fundamental II e médio.
Objetivo: criar obras tridimensionais, unindo diversos objetos e materiais.

Conteúdos: *assemblages*, arte bruta, Arthur Bispo do Rosário.

Interface: Matemática (geometria).

Materiais: objetos de sucata, miniaturas, cola branca, papelão (para a base), tinta acrílica ou em spray.

Sequência didática:

1ª parte – leitura de *assemblages* criadas por Arthur Bispo do Rosário. O artista – da arte bruta – chamava suas *assemblages* de vitrines. *Assemblage* é um tipo de construção que utiliza diferentes materiais unidos em uma mesma superfície. Esses materiais podem ser colados sobre um suporte, brincando com os relevos ou organizados lado a lado. Na *assemblage* permite-se a exploração da colagem em três dimensões e o termo percorre diferentes correntes artísticas.

A designação foi resultado da organização de uma exposição no MOMA, no início dos anos 1960. Algumas obras da exposição fugiam às categorias tradicionais – pintura e escultura – utilizadas para nomear as técnicas empregadas na criação artística até aquele momento. O curador William C. Seitz adotou o termo, que resultou na grande mostra "A arte do Assemblage", em 1961.

A palavra *assemblage* havia sido utilizada anteriormente por Jean Dubuffet desde 1953 para descrever alguns de seus trabalhos. A ideia é a da reunião de objetos, compondo-os, justapondo-os de maneira a criar diferentes sensações visuais e táteis. Nessa categoria reúnem-se obras como os *readymades,* da fase dadaísta de Marcel Duchamp, "os *Merzbau* de Schwitters e colagens feitas com detritos e *objets trouvés*" (Dempsey, 2003, pp. 215-6).

A leitura deve conter questões sobre a relação entre a vida do artista e a obra dele.

Costumo apresentar a obra de Bispo sem dizer aos alunos sua condição de vida. Dessa maneira, tenho a intenção de criar neles uma análise da obra, evitando julgamentos fáceis e preconceituosos. Durante a apresentação das obras, questiono os alunos sobre como imaginam ser o artista, quais as condições de vida dele, o que indicam as escolhas de material, o que indicam as imagens bordadas nas obras. Assim, conduzo-os pela maneira de pensar do artista e relaciono sua vida e obra.

Fig. 6 – Arthur Bispo do Rosário
Abajour, s. d.
Vitrine com vários objetos sobre suporte de madeira e papelão, 179 x 67 cm
Museu Nise da Silveira, Colônia Juliano Moreira, Rio de Janeiro

Fig. 7 – Arthur Bispo do Rosário
Planeta paraíso dos homens, s.d.
Vitrine com bolas de borracha, presas com pinos de plástico,
barbante, fitas e pregos sobre suporte
de cabos de vassoura, 109 x 62,5 x 28 cm
Museu Nise da Silveira, Colônia Juliano Moreira, Rio de Janeiro

Fig. 8 – Arthur Bispo do Rosário
Partida de xadrez com Rosângela, 1983
Vitrine com reproduções de peças de xadrez, 173 x 51 x 11 cm
Madeira, linha de tecido, arame, fio elétrico e plástico
Museu Nise da Silveira, Colônia Juliano Moreira, Rio de Janeiro

Fig. 9 – Arthur Bispo do Rosário
Partida de xadrez com Rosângela, 1983
Tabuleiro de xadrez, 63 x 47 cm
Costura e bordado sobre tecido
Museu Nise da Silveira, Colônia Juliano Moreira, Rio de Janeiro

Bispo do Rosário – breve biografia:

Arthur Bispo do Rosário foi um artista sergipano, nascido em Japaratuba em 1909, que se mudara para o Rio de Janeiro, talvez em busca de trabalho. Pobre, negro, poeta, Bispo foi, certo dia, encontrado vagando numa praia carioca e levado para a Colônia Juliano Moreira (hospital psiquiátrico), onde, com alguma interrupção inicial, ficaria internado por mais de 20 anos.

Sua biografia é controversa, pois são poucos os registros anteriores à sua internação. No entanto, em suas imagens, revela símbolos que se relacionam aos relatos que fazia sobre sua vida, marcos de uma experiência profunda e sofrida. O artista dizia ter sido marinheiro, pugilista, jardineiro. Em um dia de dezembro, teve uma visão arrebatadora que o acompanharia até a morte e direcionaria sua produção artística. Ele dizia ter recebido de Deus, Nosso Senhor, a missão de relatar no céu a vida na terra. Essa missão tornar-se-ia o motivo de sua existência na arte.

Com isso, criou estandartes, o *Manto da Apresentação* (reproduzido a seguir) e um sem-número de *assemblages* – que ele denominava vitrines. Bispo reconstruiu o cotidiano a partir dos vestígios. Recolhia restos, sobras, objetos obsoletos que transformava envolvendo-os com sua linha teimosa e pulsante (Hidalgo, 1996).

2ª parte – criação de *assemblages*. Para a criação das *assemblages*, os objetos e diferentes materiais devem ficar expostos numa bancada ou em um espaço onde possam ser contemplados. Sugerir aos alunos que iniciem pela delimitação do tamanho da base de papelão. Depois de recortada a base, deverão dispor os objetos de forma a trabalhar as maneiras de organizá-los, criando áreas de interesse, com variações de relevo. Eles podem dispor os objetos, criando variações de volumes e texturas. Quando considerarem terminada a montagem, devem retirar os objetos, mantendo a organização, e colá-los sobre a base, com cola branca aplicada com pincel no objeto a ser colado. Após essa fase, as *assemblages* precisam ficar descansando até a secagem total da cola. Caso o espaço disponível seja pequeno, sugiro realizar projetos em grupos. Depois de secas, podem receber cores variadas ou uma única – utilizando tinta acrílica, látex ou spray.

Avaliação:

Apreciar a obra produzida, observando a relação entre a obra e a vida da pessoa: ela reflete características da pessoa? Quais? Os materiais utilizados dizem muito sobre a pessoa, seus hábitos, seus valores. De onde vêm seus hábitos alimentares, de consumo etc.? Quanto à linguagem: o objeto respeita a concepção de tridimensionalidade e agrupamento?

Comentários:

Arte bruta: o advento da Segunda Guerra Mundial teve repercussões desastrosas por toda a Europa. A devastação provocada pelos bombardeios, as mortes que destruíram famílias, enfim, a transformação das cidades – e das pessoas – em escombros. O cenário que se seguiu deixou marcas indeléveis na vida e na arte. Assim como no dadaísmo, a arte bruta surge nesse contexto em que "as tradições e os valores, não menos do que as grandes e pequenas cidades, pareciam estar reduzidos a escombros, e os artistas, como todo mundo, viam-se forçados a começar tudo de novo" (Dempsey, 2003, p. 174).

Em 1945, o artista Jean Dubuffet criou a designação arte bruta para descrever "a coleção que montou de pinturas, desenhos e esculturas" produzidos por pessoas sem instrução formal em arte:

> Ele considerava esses indivíduos – crianças, visionários, médiuns, gente sem instrução, prisioneiros, doentes mentais – a salvo dos efeitos mortais da formação acadêmica e das convenções sociais e, portanto, livres para criar obras de verdadeira expressividade.

Fig. 10 – *Assemblage* (mala) criada por alunos do ensino médio

Fig. 11 – *Assemblage* (caixa) criada por alunas do ensino médio

Atividade 3 – Tapetes
Séries: ensino fundamental II e médio.

Objetivos: construir metáforas visuais que integrem a produção individual à produção coletiva; analisar a arte como elemento construído a partir da tradição cultural; desconstruir a obra de arte, criando novos sentidos para a imagem; criar obras tridimensionais, unindo diversos objetos e materiais.

Conteúdos: estandartes, arte bruta, Arthur Bispo do Rosário.

Interface: Língua Portuguesa, Música, Artes Cênicas.

Materiais: retalhos de tecidos (20 x 20 cm), tesoura, cola branca líquida ou cola para tecido, agulha e linha para bordar, papéis com ilustrações (recortes de revistas, guardanapos estampados, cartões-postais, fotografias, letras de músicas, poemas etc.), material básico para pintura e tinta para tecido (podem ser utilizadas as outras tintas sugeridas no material básico).

Sequência didática:

1ª parte – produção de um tapete (como os tapetes confeccionados nas ruas para as celebrações de Corpus Christi) que integre textos (verbais e não-verbais) de artistas e de alunos. No primeiro momento, convidar os alunos, com uma cantiga, a entrar em uma atmosfera de desejo, em que o espaço da rua – externo – confunda-se com o espaço – interno – da imaginação. Pedir para que todos se sentem no chão, em roda, e cantar *Se essa rua fosse minha* (ou outra cantiga da cultura local). Depois, propor a criação de um tapete de rua, criando imagens para seus desejos mais profundos: eu desejo que... Uma sugestão é entregar a consigna da aula escrita em um papel que imite pedra, como uma pedrinha recolhida da rua e como as pedrinhas de brilhante da canção.

Consigna: *"Agora, a rua é sua. Você tem à disposição todas as pedrinhas de brilhante que quiser para criar um tapete e cobri-la com ele. As pedrinhas são metáforas de nossa cultura e o tapete, simbolicamente, pode carregar seu maior desejo. Pense sobre seus desejos e imagine como transformá-los em imagens de um 'Tapete de Desejos'. Pegue algumas pedras preciosas e as utilize para criar um texto não-verbal que revele seu grande sonho."*

2ª parte – produção do tapete. Sentados em roda, os alunos terão à disposição diferentes materiais e retalhos de tecido. Cada pessoa receberá um retalho para desenhar ou escrever seu desejo. Com os materiais em mãos, cada aluno criará a representação de seu desejo, que fará parte do tapete coletivo. Após a finalização das produções individuais, todos deverão ser organizados lado a lado.

3ª parte – leitura de imagem. Após a organização da forma coletiva do tapete, inicia-se a leitura da obra com a discussão das impressões sobre a nova forma criada e as possíveis leituras dessa imagem coletiva.

Possíveis abordagens para a leitura da obra: relação entre as imagens produzidas pelos alunos e as obras de artistas consagrados, possíveis metáforas do texto não-verbal construído (tapete).

Comentários:

A consigna é a proposição da aula. Nela estão as regras dasações a serem desenvolvidas a seguir. Coloquei os tapetes no conjunto de produções tridimensionais por considerá-los obras que vão além do suporte bidimensional, ou seja, exigem uma interação com o ambiente. Como instalações, precisam ser dispostos no espaço e, por isso, provocam uma reconfiguração do ambiente no qual se inserem.

Fig. 12 – Tapete criado por alunos do ensino médio

Fig. 13 – Tapete criado por alunos do ensino médio

Atividade 4 – Estandartes
Série: ensino médio.
Objetivo: criar obras tridimensionais, unindo diversos objetos e materiais.
Conteúdos: estandartes, arte bruta, Arthur Bispo do Rosário.
Interface: Língua Portuguesa, História, Filosofia.
Materiais: tecido com 50 x 70 cm (de algodão cru, lona, lonita ou brim), retalhos de tecidos estampados ou coloridos, tesoura, cola branca líquida ou cola para tecido, agulha e linha para bordar, papéis com ilustrações (recortes de revistas, guardanapos estampados, cartões-postais, fotografias, letras de músicas, poemas etc.), material básico para pintura e tinta para tecido (podem ser utilizadas as outras tintas sugeridas no material básico).
Interface: Artes Plásticas, Música e Literatura.
Sequência didática:
1ª parte – leitura de obras de Arthur Bispo do Rosário.

Fig. 14 – Arthur Bispo do Rosário
Manto da apresentação, s.d.
Tecido, linha, lã, doimãs e cordas de cortina, 219 x 130 cm
Ministério da Saúde – Centro Psiquiátrico Pedro II
Museu Imagens do Inconsciente, Rio de Janeiro

Fig. 15 – Arthur Bispo do Rosário
Eu preciso destas palavras – Escrita, s.d.
Estandarte. Bordado e costura sobre tecido e madeira, 122 x 186 cm
Museu Nise da Silveira, Colônia Juliano Moreira, Rio de Janeiro

Sobre o artista:

O artista plástico Arthur Bispo do Rosário realizou suas produções quando vivia confinado em um hospital psiquiátrico. Sua obra mostra a intenção religiosa de contar no céu como era a vida na Terra. Produziu uma quantidade enorme de objetos, recriando o cotidiano em que vivia. Sua produção é quase uma historiografia do cotidiano. Uma de suas peças mais contundentes é o *Manto da apresentação*. Com ele, Bispo queria ser apresentado ao Senhor. Na parte interna do manto, o artista bordou os nomes de todas as pessoas que conhecia, como um inventário de pessoas.

Assim como a obra de Bispo do Rosário, o "tapete de desejos" poderá ser uma forma de mostrar aos outros características do grupo, pois revelará desejos e utopias.

1ª parte – criação de estandartes. Produção de um estandarte que brinque com características autobiográficas: quem sou eu? O que faz parte de minha vida? O que pertence a minha cultura? De que eu gosto mais? Pegar a base de tecido e iniciar a produção, brincando com formas que podem ser desenhadas no estandarte com lápis. Depois, com a linha de bordar, cobrir os desenhos, experimentando pontos. Podem-se recortar formas em tecidos lisos ou estampados e colar sobre a base. Caso o aluno tenha dificuldade para recortar as formas, preparar um molde de papelão para riscar no tecido e depois recortar.

2ª parte – pintura de elementos no estandarte. Caso queiram, após a primeira parte realizada, os alunos podem inserir elementos, utilizando pintura.

3ª parte – avaliação. Apreciação das produções (sugiro colocá-las em varais, dispostos pela classe) e observação das características múltiplas de cada pessoa: quais interesses, valores, reflexões.

A próxima atividade pode ser um registro com texto verbal das impressões, utilizando gêneros variados: descritivo, narrativo, com poemas etc.

Fig. 16 – Estandartes criados por alunos do ensino médio

Fig. 17 – Estandarte criado por aluna do ensino médio

Fig. 18 – Estandarte criado por grupo de alunos do ensino médio

Atividade 5 – Boneco de papel
Séries: ensino fundamental II e médio.
Objetivo: criar bonecos de papel.
Conteúdos: Niki de Saint Phalle.
Interface: Língua Portuguesa, Geografia, História.
Materiais: jornal ou papel manilha, fita crepe, papel colorido e cola branca ou tinta (material básico para pintura), papelão (para a base).

Sequência didática:
1ª parte – apreciar obras da artista Niki de Saint Phalle.

Fig. 19 – Niki de Saint Phalle
Grande Nana azul, 2000
381 x 241 x 121 cm
Vidro, cerâmica e espelho

Fig. 20 – Niki de Saint Phalle
Ganesh
Altura 105 cm
Vidro, cerâmica

Fig. 21 – Niki de Saint Phalle
Mulher-pássaro, 2001
62 x 50 x 25 cm
Pintura de poliéster

As esculturas da artista Niki, conhecidas como *Nanas* (figura 19 e 20) homenageiam a mulher. Suas formas arredondadas e muito coloridas são uma celebração da condição feminina. A artista cria figuras aconchegantes, coloridas, lúdicas, às vezes em movimento, às vezes estáticas, mas certamente marcando presença no espaço.

Na versão da mulher-pássaro, a forma feminina da Nana adquire um elemento mágico: asas para voar. A escultura apresenta duas figuras simultâneas: o pássaro azul, em pé, e uma pequena mulher rosa e verde que se prende a ele. Ela o abraça, formando uma única figura. A forma do pássaro e a possibilidade de voar aparecem muitas vezes na história da arte. Na escultura grega *Vitória de Samotrácia*, referência à deusa Nike, por exemplo, os braços adquirem forma de longas asas. A escultura é a revelação de um desejo humano, configurado no mito de Ícaro: libertar-se do mundo terrestre e alçar voo livremente, conquistar o espaço. A figura 20 mostra *Ganesh*, uma forma híbrida: corpo humano e cabeça de elefante. *Ganesh* é considerado deus da inteligência, da arte e do comércio na mitologia hindu.

2ª parte – criação de esculturas mumificadas. A ideia de mumificação é atribuida pelo crítico de arte Frederico Morais às esculturas criadas por Bispo do Rosário, enroladas com linha azul. Nesta etapa, os alunos vão produzir esculturas mumificadas de fita crepe. Eles deverão criar volumes com papel jornal amassado, aproximando-se da forma desejada. Por exemplo: para criar uma Nana (como a primeira figura da atividade), sugiro começar pelo tronco. Pegar o jornal e fazer um volume ovalado. Acrescentar uma folha de cada vez sobre o volume até chegar ao tamanho desejado. Em cada camada, compactar bem o jornal. Depois, enrolar tiras longas de fita crepe, mumificando a peça. Criar as outras partes da escultura separadamente (sempre enrolando com fita crepe) e prendê-las umas às outras com fita crepe e cola. Acrescentar formas animais às formas humanas, como asas, garras, cabeça de animal etc. Ao final, podem-se colar pedaços de papel colorido, criando uma superfície com aparência de mosaico, ou pintar.

– Pintura: aplicar duas demãos de branco, respeitando os intervalos de secagem. Em seguida, colorir a peça da maneira como desejar.

– Colagem: rasgar pequenos pedaços de papel colorido. Aplicar, com pincel, uma camada fina de cola branca sobre a parte da peça a ser colorida. Depois, colar pedaços de papel, cuidando para não ficarem mal colados. Repetir a operação até finalizar a colagem.

– Variação: fazer o corpo da escultura com rolinhos de papel jornal. Utilizando-se dois rolos, presos, para formar o tronco – já com as pernas. Podem-se acrescentar volumes na altura do tronco, formando os seios e o quadril. A parte inferior dos rolinhos unidos deve ser deixada separada para formar as pernas. Mais um rolinho preso atrás do tronco, na parte superior, formará os braços da figura.

Avaliação:
Apreciar as obras e observar as diferentes formas criadas.

Fig. 22 – Mumificação do boneco com fita crepe

Fig. 23 – Colagem de papel colorido cortado em quadradinhos

Fig. 24 – Colagem de papel colorido cortado em quadradinhos

Fig. 25 – Boneco realizado por aluno do ensino fundamental II

Fig. 26 – Boneco realizado por aluno do ensino fundamental II

Atividade 6 – Máscaras de papel machê
Séries: ensino fundamental II e médio.
Objetivo: criar obras tridimensionais, unindo diversos objetos e materiais.
Conteúdo: máscara.
Interface: Matemática, História e Língua Portuguesa.
Materiais: um rolo de papel higiênico, um quilo de cola branca, alvaiade ou rejunte de piso, material básico para pintura.
Sequência didática:
1ª parte – preparação da massa. Picotar o papel higiênico na linha de picote e colocá-lo em uma bacia grande. Cobrir com água e deixar de molho por cerca de duas horas. Após o molho, escorrer a água suavemente, segurando o papel, sem apertar muito.

Delicadamente, apertar para retirar o excesso de água. Acrescentar cerca de seis colheres de sopa de cola branca e alvaiade ou rejunte (três colheres de sopa). Amassar a mistura, procurando uniformizá-la, acrescentando alvaiade ou rejunte se estiver grudando ou muito úmida e cola se estiver esfarelando. Gasta-se pouco mais de meio quilo de cola. A massa deve ter a consistência de massa de pão: macia e sem grudar.

2ª parte – criação da máscara. Pegar uma bacia pequena e embrulhar com um plástico, encapando-a (pode ser filme de PVC ou sacola plástica). Deixar o plástico bem ajustado à bacia (dessa maneira, a peça de papel machê soltará mais facilmente do molde). Utilizar as costas da peça como molde para a máscara. Aos poucos, cobrir as costas da bacia com camadas de papel machê. Quando toda a base estiver coberta, acrescentar elementos como sobrancelhas, nariz, boca, olhos, cuidando para que fiquem bem presos à base. Ao final de cada parte acrescentada, esfregar as costas de uma colher pequena, suavemente, para uniformizar a superfície. A peça levará algumas semanas para secar, mas pode ser pintada quando a parte externa estiver seca, sem retirá-la da base. Depois de totalmente seca, cuidadosamente cortar o plástico e retirar a peça para a secagem da parte interna.

3ª parte – pintura. Aplicar uma demão de tinta branca e, depois de seca, as outras cores.

Variação: com essa massa, podem-se criar quaisquer tipos de esculturas. Basta construir uma estrutura e recobrir com camadas finas de papel machê sobrepostas. Costumo utilizar garrafas pet para fazer bonecas, sobre as quais acrescento papelão para a estrutura de saias e recubro com papel machê.

Atividade 7 – Modelagem em argila
Séries: todas.
Objetivo: criar esculturas em argila.
Conteúdo: argila.
Materiais: argila, estecos ou palitos de churrasco, ou palitos de dente, ou colheres.

Sequência didática:

1ª parte – modelagem da argila com rolinhos. Consiste em separar pequenas quantidades de argila e fazer rolinhos, esfregando uma bolinha de argila entre as mãos ou enrolando a mesma bolinha pressionada sobre uma mesa.

Para montar um vaso, prepara-se uma base de argila, com cerca de 1 cm de espessura, no formato desejado (retangular, oval, circular). Essa base não deve ser muito grande nas primeiras experiências. Sobre a base, em todo o seu contorno, prende-se um rolinho de argila que complete o perímetro da figura, pressionando-o para que se fixe bem. Depois de posicionado, deve-se esfregar as laterais do rolinho e uni-lo à base, fazendo movimentos de vaivém com a ponta dos dedos levemente umedecidos. Não deve ficar espaço entre a base e a primeira camada (rolinho), senão as partes se soltarão depois de secas. Em seguida, sobre o primeiro rolinho, acrescentar outro. Prendê-lo bem, da mesma maneira que o primeiro. Isso formará uma parede em torno da base. Essa parede deve manter-se com cerca de 1 cm de espessura.

Comentários:

A argila é um material de fácil utilização, mas requer pequenos cuidados para não quebrar ou se desprender. Uma argila muito pegajosa tem excesso de água e precisa ser bem amassada. Por outro lado, uma argila muito dura requer água para amolecê-la. Ela estará em boas condições para a criação da peça caso não esteja grudando nas mãos.

A utilização de forno para cerâmica é recomendável com certos cuidados para que a peça não se quebre. Uma alternativa, na ausência do forno para cerâmica, é um material chamado cerâmica fria, encontrável em algumas lojas especializadas. Esse material é caro, mas resulta em bons trabalhos, que podem ser pintados com uma grande variedade de tintas.

Atividade 8 – Escultura em argila

Séries: todas.

Objetivo: criar esculturas em argila.

Conteúdo: argila.

Materiais: argila, estecos ou palitos de churrasco, palitos de dente, colheres, garfos, facas.

Sequência didática:

1ª parte – modelagem. Com uma boa quantidade de argila em mãos, o aluno pode modelar a peça, retirando ou acrescentando material até chegar à forma desejada. Para isso, as ferramentas (estecos, palitos, garfos, facas, colheres) são fundamentais. Com elas, retira-se argila para fazer uma cavidade ou faz-se um veio para um detalhe, ou alisa-se com as costas da colher.

2ª fase – escavar a peça. Depois de criada a forma com a argila, ela ficará maciça. Ela pode ser deixada dessa forma ou ser preparada para a queima (biscoito). Esperam-se alguns dias para que a peça seque um pouco e, cuidadosamente, se retira o excesso de material da parte interna da peça, escavando-a com as ferramentas de retirada de material (estecos e colheres). Isso precisa resultar em uma peça com uma parede de cerca de 1 a 1,5 cm. Com isso, a peça estará pronta para ser queimada.

Comentários:

Algumas formas criadas pelos alunos, ainda na fase inicial do processo, requerem apoios, senão a peça desaba, pois a argila é mole. Para isso, podem ser fincadas agulhas de tricô ou outros materiais plásticos e finos que deixem furos muito pequenos, pois aparecerão no trabalho final. Uma agulha de tricô ou outro tubo rígido de plástico pode ser utilizado como apoio para parte da peça, como, por exemplo, da cabeça de uma escultura cujo pescoço é muito fino para sustentar o peso da argila molhada. Quando a peça estiver levemente rígida, retiram-se os apoios, com cuidado para não provocar rachaduras.

Atividade 9 – Máscara de gaze gessada
Série: ensino médio.
Objetivo: criar máscaras.
Conteúdo: máscara africana.
Interface: Língua Portuguesa, História e Geografia.
Materiais: gaze gessada, material básico para pintura.

Sequência didática:

1ª parte – apreciação de máscaras e esculturas africanas. Reflexão sobre o modo de produção da escultura africana, seus significados e a relação da arte com o cotidiano.

2ª parte: confecção da máscara. Observação: esse tipo de máscara consiste em colocar tiras de gaze gessada molhadas sobre o rosto que será o molde. Quando bem realizada, revela as feições da pessoa com grande precisão.

Procedimento:

Recortar tiras de gaze gessada, que tenham o comprimento equivalente à distância de orelha a orelha da pessoa na qual a máscara será moldada. Reservar. Em uma bacia de uns 20 cm de diâmetro, colocar água que dê para cobrir o fundo. Enquanto isso, proteger o cabelo da pessoa com uma touca, passar vaselina na sobrancelha e nos cílios (com cuidado para não alcançar o olho). Enfim, os pelos do rosto devem ser besuntados com vaselina, senão o gesso grudará e os arrancará quando a máscara for retirada. Uma alternativa para o caso de barbas e bigodes é envolvê-los com filme de PVC. A pessoa deve sentar-se confortável e relaxadamente para que outra modele a máscara nela. O procedimento de confecção é bem simples: colocar tiras umedecidas de gaze sobre o rosto da pessoa. As tiras devem ser molhadas (levemente espremido o excesso de água) e colocadas sobre o rosto, alisando suavemente.

Fig. 27 – Início: colocação de tiras de gaze gessada

Devem ser colocadas tiras em diferentes direções para que a máscara fique firme, sempre alisando para aderir bem. Lembre-se: a máscara será a cópia de metade da cabeça, somente do rosto.

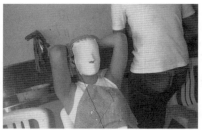

Fig. 28 – Máscara completa, note-se a abertura para o nariz

O gesso irá aquecer um pouco e depois esfriará. Nesse momento, a máscara pode ser retirada do molde (rosto). Esse processo leva cerca de dez minutos. Depois de retirada do molde (rosto), deve ser deixada em um lugar para secar.

Fig. 29 – Máscaras prontas sobre tapete de CDs

Comentários:

Alguns cuidados são importantes: a maioria das pessoas consegue ser molde para a máscara, mas nem todas. Algumas se sentem mal com os olhos vendados. Nesse caso, deve-se fazer a máscara deixando o espaço dos olhos, para que a pessoa possa enxergar o processo. Para todas, é necessário deixar o espaço dos buraquinhos do nariz destampado, para que a pessoa possa respirar. O nariz pode ser recoberto, mas não o lugar por onde se respira. Algumas pessoas muito tranquilas conseguem respirar mesmo com a gaze cobrindo todo o rosto, pois ela é porosa. No entanto, sugiro que esse procedimento não seja feito dessa forma em sala de aula. É necessário que os alunos utilizem avental ou uma camiseta velha sobre a roupa, pois o gesso pinga e suja. Depois de seco, é só bater que o excesso sairá.

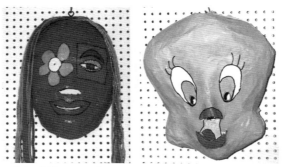

Fig. 30 e 31 – Máscaras feitas por alunos do ensino fundamental II

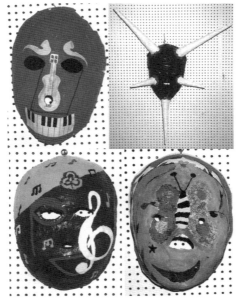

Fig. 32, 33, 34 e 35 – Máscaras feitas por alunos do ensino fundamental II

Atividade 10 – Ocupação do espaço urbano
Série: ensino médio.
Objetivos: analisar as relações entre a cidade de Brasília e seu entorno (pode ser utilizada outra cidade como base do projeto), analisar as transformações ocorridas na cidade de Brasília, da década de 1960 aos

105

dias atuais (na ocupação do espaço, nas edificações, na reorganização da cidade e do entorno, na moda, na cultura local), criar projeções para uma cidade igualitária, analisar a cidade de Brasília como cenário de questões políticas que influenciaram todo o país.

Conteúdos: a cidade de Brasília e seu entorno, transformações ocorridas até os dias atuais, Brasília do futuro.

Interface: História, Geografia, Língua Portuguesa, Matemática e Filosofia.

Materiais: papelão para a base da maquete, material básico para desenho e pintura, sucata (tampinhas de garrafa, caixas e palitos de fósforo, caixinhas, espiral de caderno, papel, papelão), cola branca, bonequinhos em miniatura (opcional, pois poderão ser confeccionados.)

1ª parte – construção da maquete:

a) construção da base da maquete: produção de uma estrutura de base em que apareçam características como: relevo, vegetação etc. Utilizar como referência a planta do plano-piloto. A maquete tem como objetivo ser um elemento sobre o qual os alunos criem interferências para que observem, na prática, como a cidade se transformou ao longo dos anos e os motivos da transformação. Por isso, deve ter um tamanho que permita interferências e precisa ficar em um local fixo até o final do trabalho;

b) construção das principais edificações: edificações da vida política (como o Palácio do Planalto), catedral e residências da cidade;

c) a partir de dados referentes à década de 1960 coletados em pesquisa, inserir de outros elementos da paisagem urbana da época (casas, carros, escolas e outros);

d) por meio de pesquisa em jornais, livros e revistas, observar o aspecto dos arredores de Brasília, as cidades-satélites (como são, por que "surgiram") e construí-las na maquete com sucata, observando a diferença entre a estrutura planejada da capital em contraste com a desorganização das vizinhanças;

e) colocação de bonequinhos que representem o elemento humano na maquete.

Observação: É importante que se coloquem pessoas para que, através das roupas e dos cabelos utilizados na década de 1960, sejam marcados os contrastes entre os períodos seguintes também pela estética corporal.

Avaliação:

O que se percebe comparando a estética de Brasília e das cidades-satélites? Brasília é uma cidade planejada, onde todos os elementos projetados encontram-se em equilíbrio. As cidade-satélites, porém, foram crescendo de acordo com a necessidade e as condições das populações, que precisavam de lugar para morar. Assim, a utilização do espaço e a forma como se originou determina a estética das cidades, estabelecendo uma vida mais ou menos confortável para a população.

2ª e 3ª partes – década de 1990 e Brasília do século XXII. Nessas etapas, os alunos farão interferências sobre a maquete de tal maneira que ela reflita os dados coletados em pesquisa. A cada modificação, os alunos deverão interferir na estrutura inicial da maquete acrescentando elementos que permitam mostrar as alterações sofridas pela cidade, como o aumento do número de habitantes, casas, automóveis etc.

Na atividade "Brasília do século XXII", os alunos poderão liberar a imaginação. Pensar em como será a cidade num futuro. O que precisa ser modificado em Brasília para que seus habitantes possam ter uma vida melhor? Como estarão as cidades-satélites? Como estarão seus habitantes? Que problemas assolarão a cidade e como solucioná-los? Essas e outras questões que surgirão devem servir como orientadoras do trabalho de criação da Brasília do século XXII.

Etapas:

a) utilizando materiais colhidos em pesquisa – vídeos, fotos, textos, dados de institutos de pesquisa (como o IBGE) –, deverão ser feitas modificações plásticas na maquete e nos bonequinhos que representam o elemento humano, as alterações da moda do período (vestuário, cabelo);

b) alterar os prédios com coloração diferente para demonstrar o desgaste provocado pela passagem do tempo;

c) acrescentar detalhes descobertos nas leituras;
d) projeção da Brasília do século XXII e repetição das etapas 1 a 3.

Avaliação:

Comparando Brasília a outra cidade, que diferenças de estilo são percebidas? Se essa outra cidade também foi planejada, pode-se perceber diferenças no estilo do projeto? Se não, a diferença já começa no fato de que a primeira partiu de um projeto e a segunda não. Pode-se comparar as avenidas com as da capital federal: largas, enormes, que preenchem longas distâncias? As edificações de Brasília, a catedral – como ela é comparando com a catedral da outra cidade? Essas e outras questões podem surgir para estabelecer uma comparação entre cidades planejadas e as de crescimento espontâneo.

Observação: É bastante interessante e enriquecedor que a cidade a ser comparada seja aquela onde está situada a escola.

Atividade 11 – A moda como forma de expressão

Série: ensino médio.

Objetivos: produzir roupas a partir de um tema utilizando sucata, analisar a interferência da moda na identidade do sujeito.

Interface: Língua Portuguesa, Matemática, História, Filosofia.

Materiais: material básico para desenho e pintura, sucata (retalhos de tecido, roupas velhas, lã, fitas, tampinhas de garrafa abertas com um furinho no meio, espelhinhos, caixas de papelão e outros materiais, de acordo com a necessidade), cola branca, tesoura, linha, agulha, arame, alicate, lixas para metal.

1ª parte – criação de roupas de sucata. Para essa atividade, os alunos produzirão roupas a partir de um tema estabelecido em sala de aula. Utilizarão sucata para construir roupas que representem algum personagem. Essas roupas deverão expressar os sentimentos, as maneiras de pensar de seu autor. As roupas serão construídas como esculturas, a partir de um suporte que pode ser uma camiseta, uma roupa velha, um lençol usado ou uma caixa de papelão.

Etapas:
a) estabelecimento do tema para a criação das roupas;
b) desenho do esboço da roupa;
c) seleção dos materiais para fazer a roupa;

d) costurar sobre uma roupa velha os retalhos de tecido, as fitas, colar os espelhinhos;
e) prender as tampinhas de garrafa com arame uma ao lado da outra ou colá-las num tecido que pode ser um lençol e construir um manto;
f) utilizar as caixas de papelão para fazer adereços de cabeça.

Avaliação:
A moda pode ser considerada uma forma de expressão?

Comentários:
A moda funciona como uma forma de expressar um movimento, uma maneira de pensar, uma época. Através da moda de um período, pode-se perceber como eram, pensavam, agiam as pessoas daquela época. Observando as roupas utilizadas pelos nobres da corte de Luís xv, por exemplo, percebe-se, no mínimo, que eles precisavam de pessoas para ajudá-los a se vestir. Havia criados que exerciam a função de camareiros. Já os serviçais tinham roupas ralas, simples e, claro, vestiam-se sozinhos. Esses dados – que a princípio parecem banais – demonstram uma diferença de papéis, em que os nobres são servidos e os criados servem.

O aumento ou a diminuição da quantidade de pano, a facilidade ou não de vestir uma roupa, pode indicar a maior ou menor possibilidade de perder tempo em se vestir. Em nossos dias, as roupas são práticas para vestir e lavar. Imagine colocar um manto de um rei, todo bordado com pedrarias, na máquina de lavar! Além disso, a importância dada ao vestuário ao longo da história sempre foi muito grande e hoje a indústria da moda arrecada milhões anualmente produzindo roupas para o mundo todo.

Hélio Oiticica (1937-1980) foi um grande artista plástico brasileiro que aderiu ao concretismo. Posteriormente rompeu com o grupo de São Paulo. Formou-se o neoconcretismo que se utilizava de elementos figurativos. Oiticica criou, na década de 1960, os *Parangolés*, objetos tridimensionais associados ao folclore nacional. Os espectadores de sua obra eram e são convidados a vestir os parangolés e sentir o que eles estimulam. Provocando reações táteis e visuais, os parangolés são a arte sendo construída constantemente com o espectador que passa a ser ator coadjuvante na criação artística.

Fig. 36 – Projeto para roupa de grupo de alunas do ensino médio

Fig. 37 – Projeto para roupa de grupo de alunas do ensino médio

Fig. 38 – Projeto para roupa de grupo de alunas do ensino médio

Fig. 39 – Desenho de aluna do ensino médio

111

A GRAVURA

A gravura é uma linguagem muito antiga no Brasil. Sua origem remonta à chegada da família imperial, no início do século xix. A gravura requer uma matriz, onde se grava o desenho para posterior impressão. Esse tipo de produção permite a tiragem de cópias, o que barateia a obra e possibilita o acesso do público a obras originais.

Existem algumas formas de gravura: xilogravura, em madeira; gravura em metal, com vários tipos de procedimentos: buril, ponta seca, água-forte, água tinta. Existem ainda outras formas de impressão diretamente do suporte entintado, tais como litografia e a serigrafia. Atualmente, alguns artistas desenvolvem a gravura digital, glicê, procedimento que se utiliza da linguagem computacional.

Atividade 1 – Cordel – Repente
Séries: ensino fundamental ii e ensino médio.

Objetivos: produzir cordéis, analisar a diversidade cultural brasileira, criar poemas.

Conteúdos: literatura de cordel, gravura na literatura de cordel.

Interface: Língua Portuguesa, História e Geografia.

Materiais básicos para xilogravura: veja orientações no capítulo "Procedimentos e materiais: algumas dicas".

Sequência didática:

1ª parte – aquecimento com epígrafes musicais. Início da aula com a audição dos repentes *A criança e a flor*, de Moacir Laurentino e Sebastião Silva, e *Futebol no inferno*, de José Soares:

A criança e a flor

A criança e a flor. cd Moacir Laurentino e Sebastião Silva: cantoria de viola.
Série: Os grandes repentistas do nordeste, vol. 11.

Pouca diferença tem da criança para a flor
Uma é humana outra silvestre donas do mesmo valor
Uma coberta de orvalho e outra coberta de amor
Da planta se gera a flor na solidão do cascalho
Criança no amor dos pais no calor do agasalho
A criança ganha afago e a flor recebendo orvalho

A flor se cria no galho inocente, calma e mansa
A planta que não tem flor também não tem esperança

Tem a mesma solidão do lar que não tem criança
No galho a flor se balança, sente a brisa lhe beijar
A casa que tem criança também parece um pomar
A flor enfeita a campina e a criança enfeita o lar

Uma dança no pomar, outra pula na calçada
A mão que corta uma planta deixa uma flor massacrada
E a criança é como a flor: não pode ser maltratada
A flor no jardim criada é muito mais atraente
A criança quando ri toca o coração da gente
Eu não sei dizer das duas qual é a mais inocente

A flor nasce da semente e dos frutos que a planta tem
A criança é do amor dos pais que lhe querem bem
E a flor se cria no galho sem dar trabalho a ninguém
A flor mil encantos tem, beleza em todos perfis
A criança é uma estrela das auroras infantis
No aconchego dos pais, cresce muito mais feliz

A flor, nos vales sutis, brota derramando essência
A criança cresce rindo no vigor da inocência
Porque não conhece escândalo, crueldade e violência
Quem zela flor tem a essência das divinas produções
Quem zela uma criança dando amor e instruções
Está preparando o mundo pras futuras gerações

Quem zelar as plantações terá flor futuramente
Quem prepara uma criança também terá mais na frente
Uma colheita de paz num país independente
Quem zela um inocente faz o país progredir
Quem põe adubo na planta faz uma flor se abrir
É muito feliz quem faz uma criança sorrir

Deixa a criança sentir da flor a suavidade
E a flor encher de essência a vida da humanidade
Seja criança, ame a flor e cante de felicidade
Dê a ambas liberdade, respeitando as vidas suas
Cultive as flores dos campos, tire as crianças das ruas
Ame a flor, beije as crianças, sirva a Deus, amando as duas

Futebol no inferno

Futebol no inferno, de José Soares (o poeta repórter). CD Pardal e Verde Lins. Série:
Os grandes repentistas do nordeste – emboladores.
A embolada foi escrita a partir da audição do CD.

Jesus queira me livrar de esporte ou de terno
Não deixa eu ir pro inferno assistir o jogo lá
Jesus queira me livrar de esporte ou de terno
Não deixa eu ir pro inferno assistir o jogo lá
Deus me livre de eu ir lá

O futebol no inferno está grande a confusão
Vai ver a melhor de três pra ver quem é campeão
O time do Satanás ou o quadro de Lampião
Deus me livre de eu ir lá

Lampião ganhou um turno, Satanás, outro também
Domingo que se passou, empataram cem a cem
E agora a melhor de três vai ser domingo que vem
Deus me livre de eu ir lá

Nas profundas do inferno onde a gente vê um mó
Dos três, quatro mil diabos a conversa é uma só
Os torcedores falando assunto de futebol
Deus me livre de eu ir lá

A torcida do inferno diz que o jogo está perdido
Porque Lúcifer não joga devido tá contundido
E o supervisor com crise anda muito aborrecido
Deus me livre de eu ir lá

O jogo era quarta-feira, porém Lampião não quis
Além disso, ele só faz o que lhe vem o nariz
E por isso o pau cantô na escolha do juiz
Deus me livre de eu ir lá

O que Satanás queria que o juiz fosse cancão
Essa escolha também não agradou Lampião
Que ficou mais irritado do que o cavalo do cão
Deus me livre de eu ir lá

A CPI do inferno que suspendeu o torneio
Porém o Rádio Profunda opinou para o sorteio
Já dizem que na lotérica vai dar coluna do meio
Deus me livre de eu ir lá

Quando fizeram o sorteio o juiz deu Berimbau
Lampião falou pra ele: eu toda a vida fui mau
Apita o jogo direito se não quiser levar pau
Deus me livre de eu ir lá

Depois o Rádio Profunda, por ordem de capataz
Anunciava através do locutor Barrabás
Dizendo a escalação do time do Satanás
Deus me livre de eu ir lá

O goleiro do inferno se chama doutor Gussu
O breque central Petica, o volante é Papa-gol
Pra ser o quarto zagueiro estão procurando tu
Deus me livre de eu ir lá

O dublê do meio-campo tem o diabo Rabichola
O ponta-direita é Bimba, na esquerda Caçalora
O armador é tão coxo que é coxo, mas joga bola
Deus me livre de eu ir lá

Veja só a escalação do time de Lampião
Corisco, Chapéu de Couro, Maritaca e Capitão
Sucuri e Pé de quenga, Tarrapado e Tira-mão
Deus me livre de eu ir lá

O campo lá do inferno parece uma tanajura
Mil metro de comprimento por quinhento de largura
As trave oitenta metro por setenta de altura
Deus me livre de eu ir lá

No time de Satanás só joga quem tive marra
Quando vão bater o pênalti, o goleiro sai da barra
Ele mesmo chuta a bola, corre a ainda agarra
Deus me livre de eu ir lá

O juiz apita nu com a mão no bolso furado
São dezoito jogadores, nove para cada lado
E todos os diabo lá assiste o jogo sentado
Deus me livre de eu ir lá

O campo tem quatro barra, mas só jogam dois goleiros
Joga sentindo o ataque e na defesa dois zagueiro
E aonde o povo fica eles chamam de puleiro
Deus me livre de eu ir lá

Por jogarem com dez bolas deixa a defesa indecisa
E se o cão segura o outro pela camisa
Recebe o cartão vermelho e leva mais uma bisa
Deus me livre de eu ir lá

E tem mais outro detalhe, no time de Lampião
Jogador usa chuteira, porém não usa meião
E se fizer gol de cabeça, o juiz apita mão
Deus me livre de eu ir lá

Toda vez que sai um gol, não bate bola pro meio
Lá não tem tiro de meta, dois toques, nem escanteio
O intervalo do jogo eles chama de recreio
Deus me livre de eu ir lá

São dois juiz reserva que fica de prontidão
Os trajes são diferentes pra não haver confusão
Joga um time sem camisa e o outro sem calção
Deus me livre de eu ir lá

Lampião só joga bruto, bem na base do chinelo
Domingo ele disputou uma bola com Pinguelo
Fez a falta e Berimbau lhe deu cartão amarelo
Deus me livre de eu ir lá

A torcida gritou pênalti, começou a sacanagem
Lampião olhou pra ele com a cara bem selvagem
E Berimbau não deu pênalti porque não teve coragem
Deus me livre de eu ir lá

O time de Lampião só ganha jogo na marra
E a equipe que perder é que vai fazer a farra
E os cartola assiste o jogo em cima da barra
Deus me livre de eu ir lá

A bola pesa cem quilos e é de aço maciço
Se o jogador for expulso, leva um cacete roliço
E quando o jogo termina toma um bom chá de sumiço
Deus me livre de eu ir lá

Quem torcer por Lampião entra no campo de graça
Mas pra passar na roleta precisa ter muita raça
E lá dentro ainda ganha um picolé de cachaça
Deus me livre de eu ir lá

Lá não existe barreira e não tem quirisquinado
O quarto zagueiro lá se chama beque-sentado
E quem toca no juiz é expulso do gramado
Deus me livre de eu ir lá

Se o juiz marcar penal na barra de Lampião
Ele manda os cangaceiro acabar a confusão
E ainda vai batê penal pra lá da barra do cão
Deus me livre de eu ir lá

São quarenta mil soldados armado com mosquetão
O juiz apita o jogo com uma granada na mão
Pra sacudi no primeiro que fizé reclamação
Deus me livre de eu ir lá

Lampião quando se zanga dá até no delegado
O jogo dura três dias e se o juiz tá cansado
Corre para o túnel, dá o jogo como encerrado
Deus me livre de eu ir lá

Querem adiá o jogo para o Dia do Juízo
Porque quando chuvê muito o jogo dá prejuízo
Pensa até em transferi o jogo pro Paraíso
Deus me livre de eu ir lá

O Nosso Pai Jeová, de esporte ou de terno
Não deixa eu ir pro inferno assisti o jogo lá

O Nosso Pai Jeová, de esporte ou de terno
Não deixa eu ir pro inferno assisti o jogo lá

O Nosso Pai Jeová, de esporte ou de terno
Não deixa eu ir pro inferno assisti o jogo lá

2ª parte – criação de sextilhas. Pedir aos alunos que criem poemas. Sugiro que se levantem temas e se discutam possibilidades de escrita com os alunos, a partir do exemplo dos repentistas apresentados. Após a discussão, devem ser escritos exemplos de poemas na lousa para que sejam observadas as formas de rima. A sextilha de sete sílabas é uma forma muito utilizada no cordel e consiste numa estrutura com sete versos rimados. As rimas podem seguir várias estruturas, como, por exemplo, ABCBDDB. Note-se que os repentes aqui apresentados apresentam outra estrutura de rimas.

A seguir, por exemplo, a produção de um aluno ilustra a ideia. A consigna para a criação deste poema foi: "se eu pudesse guardar uma única lembrança, qual seria?"

Memórias de menino
Júlio

Lembro bem da casa querida (rima A)
Onde minha memória faz a festa (rima B)
Nela nasci, brinquei, aprendi, sonhei ... (rima C)
Casa onde a saudosa avó fazia a sesta (rima A)
Tartaruga, cachorro, gato ... muitos animais (rima D)
Passarinho, papagaio, coruja ... é demais! (rima D)
Casa onde o jardim se transforma em floresta (rima B)

O tempo ligeiro passou (rima A)
A casa da infância foi demolida (rima B)
Para outra casa seguiu a mudança (rima C)
Mas, nos sonhos, a casa continua erguida (rima B)
Pois lá muito se sentiu e se viveu (rima D)
Tristezas, descobertas, alegrias, nada se perdeu (rima D)
Tudo guardado no meu livro da vida (rima B)

Ah, guardar a doce lembrança (rima A)
Com toda a minha emoção (rima B)
Pois sei que o menino é homem hoje (rima C)
Que guarda o menino dentro do coração (rima B)
Sonhos, brincadeiras, esperança... (rima D)
Ah, quanta saudade desta criança (rima D)
Que, no mundo, não via desilusão! (rima B)

3ª parte – produção da xilogravura. A xilogravura, nos cordéis, ilustra a capa. Pedir aos alunos que criem um desenho para a capa. Depois de realizado, transferir o desenho com papel carbono para a placa de madeira. Em seguida, com goivas ou outros materiais pontudos, entalhar a madeira, retirando o que ficará em branco e deixando o que ficará preto (a gravura é uma imagem em negativo). Ao finalizar o entalhe, entintar a madeira e colocar o papel sobre a placa entintada. Com uma colher, fazer movimentos circulares leves sobre o papel para pressioná-lo contra a placa. Ao final, retirar o papel e colocá-lo para secar em um varal.

4ª parte – produção do cordel. Instruir os alunos para que escrevam os versos em papel sulfite. Esse trabalho pode ser realizado em computador (digitando-se o texto), em máquina de datilografar ou manuscrito, dependendo da natureza do projeto e dos materiais disponíveis. Por fim, montar o cordel, inserindo a capa com a xilogravura, e colocá-lo em um cordel (varal), como são expostos nas feiras.

Variação: ao invés de utilizar a placa de madeira (que pode ser retalho), é possível criar gravuras sobre isopor. Sugiro a utilização de bandejas recicladas, utilizadas como embalagens de alimentos. O desenho pode ser transferido da mesma maneira e escavado com uma caneta hidrocor, já que o material é muito macio. Para entintar, utilizar rolo de espuma e tinta guache.

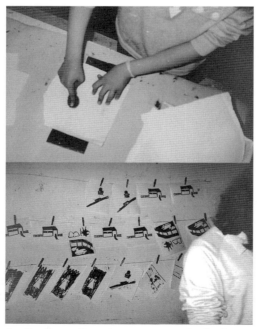

Fig. 1 e 2 – Procedimentos para a produção de gravura

Autores

Denise Pattini, Deusdete M. Santos, Elizabete M. S. Pinto, Júlio Camargo Neto, Luís Antônio Costa.

Memórias de menino

Lembro bem da casa querida
Onde minha memória faz a festa
Nela nasci, brinquei, aprendi, sonhei ...
Casa onde a saudosa avó fazia a sesta
Tartaruga, cachorro, gato ... muitos animais
Passarinho, papagaio, coruja ... é demais!
Casa onde o jardim se transforma em floresta

O tempo ligeiro passou
A casa da infância foi demolida
Para outra casa seguiu a mudança
Mas, nos sonhos, a casa continua erguida
Pois lá muito se sentiu e se viveu
Tristezas, descobertas, alegrias, nada se perdeu
Tudo guardado no meu livro da vida

Ah, guardar a doce lembrança
Com toda a minha emoção
Pois sei que o menino é homem hoje
Que guarda o menino dentro do coração
Sonhos, brincadeiras, esperança...
Ah, quanta saudade desta criança
Que, no mundo, não via desilusão!

Autores
Selma Botton, Sônia Cristina C. de Oliveira, Lúcia de Fátima Dias, Semirami de Almeida Donadio.

Que calor...

São Paulo tá muito quente
Isso aqui está um terror
A gente não aguenta mais
Esta onda de calor
Bebo água, suco de acerola,
Guaraná, refresco e coca-cola.
Vem me refrescar, meu amor!
Essa situação é impossível
É um sufoco sem tamanho
Esse que sinto agora
Só penso em tomar banho
Só penso em ficar na rede!
Ai! meu Deus, que sede...
Tiro a roupa e não me acanho
Ai! Meu deus, manda uma chuva
Uma garoa, um temporal...
Chuva de pedra, nevasca,
Esse calor não é natural
Acho que senti um pingo me molhando
É uma chuva que vem chegando
Vou tomar banho no quintal.

Autores
Djalma Rebelo, Eleude Dias, Carmem Alves, Hipólito da Silva, João César, Ivani A. S. Logullo, Viviani Sardi.

Política brasileira

O nosso país padece
de político comprometido
com a vida de nosso povo tantas
vezes esquecido.
Quem manda nessa nação
nunca sofreu sem o pão
como o povo tem sofrido.

Em época de eleição
rodos prometem fartura
poucos falam a verdade
dentro da atual conjuntura
onde nasceu a insatisfação
recheada de razão
levando o povo a loucura.
O voto é mercadoria
por não servir à nação
pra mudar como devia
a vida do cidadão
Nessa hora meu senhor
políticos gastam
um horror às custas
da exploração.

A política acoberta
muita sujeira também
não deixa que o povo saiba
dos direitos que ele tem.
Políticos mudam de lado
conforme sua bancada
e coisas que lhes convém.

Como todos nós sabemos
tem regras e tem exceção
também tem político bom
disputando eleição.
Pois nem tudo está perdido
nem todos são pervertidos
é só votar com a razão.

Autoras
Marisa Dumangin Santos, Catarina V. P. Carvalho, Conceição de Maria Ferraz, Walkyria de Lemos Walter Sodré, Ignez Rovai Nouer, Rosa Mary Guerrero, Sônia Cristina C. de Oliveira, Maria Zeli Boattini Coelho, Esterina Maria do Carmo Caravaggi Raimundo.

Salve a educação

Meus queridos colegas,
Vou lhes contar uma história
Não está nada fácil
Conquistar com glória
A criançada vem à escola
Mas só quer cola
Parece que não tem memória

A gente vem agora
Falar da educação
É um fato tão marcante
Na nossa profissão
Não tem coisa mais linda,
de ser revivida
SALVE, SALVE a educação

Lembrando a velha lição
A voz do mestre a soar
Da palmatória na mão
Não gosto nem de falar
Era um castigo sem fim
Aprender sem resmungar
O verbo, o teorema era só estudar

Olhando hoje a escola
não tem comparação
A turma só enrola
E não sai nada não
Que diferença de outrora
Que respeito e devoção
Mas ainda resiste no peito
SALVE, SALVE a educação

Já falava o pensador
O SABER NÃO OCUPA LUGAR
O moço me dá licença
Pra mostrar o meu pensar
A garotada agora não quer estudar
Pensa que a vida toda
vai ser só o Beabá

Educação
ontem e hoje, um problemão
Que muitos buscam mas
está difícil a solução
Alunos deslocados
professores despreparados
Analfabetos de montão
SALVE, SALVE a educação.

PROCEDIMENTOS E MATERIAIS: ALGUMAS DICAS

PROCEDIMENTOS PARA A CONSERVAÇÃO
DOS MATERIAIS E EQUIPAMENTOS

Para que os materiais e equipamentos tenham sua vida útil aumentada, precisam ser observadas algumas dicas:

1º Ao final de cada etapa, os materiais precisam ser cuidadosamente limpos. Os pincéis, por exemplo, podem ser lavados esfregando-se o pelo em uma barra de sabão. Logo após, deve ser lavado em água corrente e retirado todo o excesso de sabão e tinta; quando estiver totalmente limpo, deixar para escorrer com o pelo para cima. Caso a tinta utilizada seja à base de óleo, devem ser utilizados os solventes adequados.

2º Os papéis devem ser guardados em local seco e claro para não amarelarem.

DESENHO

– Lápis grafite, de cor (aquarelável ou simples). O lápis aquarelável é mais macio e proporciona resultados melhores do que o simples. Pode-se utilizar o pincel após a pintura ou não.
– Caneta hidrocor, esferográfica.
– Giz de cera, de lousa, pastel seco ou oleoso.
– Fios de lã, linha, arame.
– Carvão.
– Borracha macia.

- Apontador ou estilete. Os lápis ficam melhor apontados com estilete e com a ponta chanfrada (isso pode ser obtido, lixando a ponta do lápis colocada inclinada sobre uma lixa fina).
- Suportes de papéis (sulfite, texturizados, papelão, canson, papel-paraná, papel-madeira), pedaços de madeira, retalhos de tecido de algodão.

PINTURA

Materiais:
- Tintas a base de água (nanquim, guache, aquarela, acrílica, látex). Sugiro a utilização de cores primárias e a partir delas produzir as outras cores. São cores primárias: amarelo, vermelho e azul. As cores secundárias são obtidas assim:

Amarelo e vermelho = laranja
Amarelo e azul = verde
Vermelho e azul = lilás

As terciárias são obtidas a partir da mistura das primárias com as cores secundárias. Dessa maneira, é possível adquirir três cores básicas (além do preto e branco) e obter uma enorme variação.

Em algumas situações, os alunos terão projetos com grande variação tonal de uma mesma cor ou com cores difíceis de obter nas misturas. Nesse caso, recomendo que comprem as cores desejadas já prontas. Por exemplo, uma pintura toda em lilás e rosa. É mais compensador comprar as duas cores, mais o branco, e realizar a pintura.

A tinta látex é um recurso barato que apresenta bons resultados. Utiliza-se a base branca com corantes comprados em bisnagas nas cores desejadas. Como são muito concentrados, rendem bastante.

- Pincéis: são vendidos numa enorme variedade de tipos e preços. Boas marcas apresentam pincéis escolares a preços acessíveis. É interessante ter pincéis chatos e redondos. Gosto de utilizar os chatos para regiões maiores e os redondos para os detalhes. Assim, é bom ter pincéis redondos bem finos para os contornos e finalizações. Os pincéis mais macios são adequados para as tintas mais aguadas e os mais duros para as mais consistentes.

- Paleta ou godê: são suportes para misturar tintas. Para tintas de consistência pastosa, pode-se utilizar a paleta. Para as mais líquidas, é necessário o godê. Podem ser encontrados em lojas especializadas ou papelarias. Há alternativas para esse tipo de material, como formas de gelo, pires, formas plásticas de ovo etc.
- Copo com água para lavar os pincéis: é necessário ter dois copos de água na mesa durante o trabalho: um para limpar o pincel e outro para pegar água limpa para diluir a tinta.
- Paninho pra limpar os pincéis: é utilizado para secar o pincel depois de lavado.
- Suportes de papéis de gramatura suficiente para receber tintas sem se rasgarem (papelão, canson, papel-paraná, papel-madeira), pedaços de madeira, retalhos de tecido de algodão. Os melhores tecidos para pintura são os de algodão.
- Tela: existem blocos de papel-tela que podem ser encontrados em casas especializadas. A tela é composta de um chassi de madeira recoberto por tecido. Isso pode ser produzido em sala de aula, utilizando retalhos de algodão cru ou lona.

Observação: Não recomendo o uso de tinta a óleo em sala de aula. Esse tipo de material requer solventes próprios: aguarrás ou tíner, que são tóxicos. Além disso, a tinta a óleo requer um tempo de secagem grande, o que demanda espaço para guardar os trabalhos enquanto estão molhados. No entanto, fica a critério do professor utilizar esse tipo de material.

Alguns cuidados são importantes para a realização da pintura. A tinta muito aguada requer um controle maior, pois se espalha mais rapidamente. As tintas muito duras precisam ser misturadas com água, aos poucos, até adquirir a consistência necessária antes de serem colocadas sobre o suporte.

Certos projetos requerem desenho antes do início da pintura. Os desenhos podem ser realizados com grafite, carvão, giz de lousa. Antes de iniciar a pintura, dependendo da cor que cobrirá o desenho, devem-se apagar os traços indesejados com tinta branca. Algumas cores são transparentes e não cobrem o grafite.

É importante lembrar aos alunos que, antes de colocar o pincel sobre o suporte, retirem o excesso de tinta dele, limpando-o na borda do godê ou do pote de tinta.

Outra dica é iniciar a pintura do fundo para a figura, pintando primeiro o fundo da imagem e por último a figura. Dessa maneira, os contornos serão preservados até o final. Depois da pintura seca, a última tarefa é pintar os contornos, caso desejado. Para isso, deve-se utilizar um pincel redondo, fino, com a tinta mais aguada. Um dedo deve apoiar-se no suporte e o pincel deve correr sobre a pintura, realizando o contorno da figura.

Tenho por hábito escrever a sequência da pintura na lousa e discutir cada etapa com os alunos. Escrevo:

1º desenhar a figura na tela (caso necessário);
2º iniciar a pintura pelo fundo da imagem;
3º pintar as variações tonais no fundo, com a tinta ainda molhada;
4º pintar outras regiões grandes da imagem (caso haja);
5º pintar a figura (ou as figuras, como casas, pessoas, animais);
6º finalizar com contornos (se desejado);
7º assinar e datar.

Assinatura: incentive os alunos a criarem assinaturas para seus trabalhos e que escolham lugares na obra para colocar a assinatura. Ela não precisa ser necessariamente no canto, pode fazer parte da pintura.

Escultura

Materiais:
– Argila, cerâmica fria ou pasta para modelar (material similar à argila). Os trabalhos, depois de secos, resultam semelhantes à cerâmica, sem a necessidade de queima e podem ser pintados com grande variedade de tintas. Esse material é encontrável em lojas especializadas para arte e artesanato.
– Pedra-sabão. É uma pedra muito comum em Minas Gerais, macia e de fácil entalhe.
– Cimento celular. Cimento utilizado na construção civil, vendido em blocos em lojas de material para construção.
– Papel machê (massa feita de papel). Podem ser utilizados: papel higiênico (cujo resultado é melhor), jornal (que exige mais tempo de molho), papelão (caixas de ovo) etc.
– Arame.
– Madeira.

Ferramentas para o trabalho com argila e cerâmica fria: estecos, palitos de churrasco, palitos de dente, colheres, garfos, facas.

Ferramentas para o trabalho com pedra-sabão, cimento celular e madeira: ferramentas pontiagudas, serrinhas, formões e lixas.

Ferramentas para o trabalho com arame: alicate de corte.

Preparação da massa de papel machê:

Materiais: um rolo de papel higiênico, um quilo de cola branca, alvaiade ou rejunte de piso.

Picotar o papel higiênico na linha de picote e colocá-lo em uma bacia grande. Cobrir com água e deixar de molho por cerca de duas horas. Após o molho, escorrer a água suavemente, segurando o papel sem apertá-lo muito. Delicadamente, apertar para retirar o excesso de água. Acrescentar cerca de seis colheres de sopa de cola branca e alvaiade ou rejunte (três colheres de sopa). Amassar a mistura, procurando uniformizá-la, acrescentando alvaiade ou rejunte se estiver grudando ou muito úmida, e cola se estiver esfarelando. Gasta-se pouco mais de meio quilo de cola. A massa deve ter a consistência de massa de pão: macia e sem grudar.

GRAVURA

Material básico para a matriz:

– xilogravura (gravura em madeira);
– madeira.

Ferramentas para o trabalho com madeira: goivas, ferramentas pontiagudas, serrinhas, formões e lixas.

Preparação da madeira: lixar a madeira para tornar a superfície lisa. Para entalhar, deve-se considerar o veio da madeira e realizar o entalhe em sua direção. Isso evitará lascas. A escolha da madeira deve levar em consideração as características do grupo: as madeiras da região e a experiência dos alunos com entalhe. Para um projeto inicial, sugiro a escolha de madeiras macias.

Outros tipos de gravura:

– Borracha. A borracha é um material utilizado para a produção de carimbos e pode ser utilizada como matriz para gravura. Para produzir o entalhe, deve-se utilizar ferramenta cortante, como estilete.

- Argila. Artistas contemporâneos utilizam a argila como gravura, explorando a ideia de relevo. A própria matriz é exposta e não o negativo produzido no papel.
- Outros materiais colados sobre um suporte, com diferentes texturas, que, depois de entintados, causam efeitos visuais próximos à ideia de gravura.
- Um papelão grosso, recortado, formando relevos, também pode ser utilizado como matriz de gravura.
- Bandejas de isopor podem ser utilizadas como matriz, com resultados bem interessantes.

Materiais e suportes para a impressão:
- rolo de borracha e tinta para gravura (xilogravura, matriz de borracha, matriz de argila) ou rolo de espuma e tinta guache (matriz de isopor ou de papelão). É possível utilizar outras tintas pastosas para a impressão: tinta acrílica, tinta a óleo. O resultado dependerá do cuidado para que a tinta não atinja a área que deverá ficar em branco.
- papéis sulfite (branco ou colorido), papel de arroz, papel-jornal, papel-manilha.
- tecido ou TNT (tecido-não-tecido).
- colher para pressionar o papel sobre a matriz.

Procedimentos para a impressão:

Ao entalhar a madeira e produzir sulcos, o que se vê é o negativo da imagem (o contrário do que sairá na impressão). O que está em relevo receberá tinta e será impresso no papel. O que está escavado será a parte branca da gravura. A impressão da gravura é feita após a madeira, ou as outras formas sugeridas, ser entintada, isto é, receber a tinta aplicada com o rolo (para que os sulcos não sejam preenchidos com tinta). Após a matriz ter recebido a tinta de maneira uniforme, o papel deve ser colocado, cuidadosamente, sobre ela. Em seguida, pressionar o papel com uma colher, em movimentos circulares e suaves. Quando a tinta tiver sido transferida para o papel, retirá-lo e colocá-lo para secagem. A tinta não pode ser aguada, precisa ser bem consistente, pastosa.

CONCLUSÃO

As atividades aqui propostas são norteadoras, sinalizadoras de possibilidades. Durante o processo, certamente professor e alunos traçarão um caminho próprio. Muitas vezes, a ideia do professor, quando realizada pelo aluno, torna-se outra e mais enriquecida. Isso revela, a meu ver, o sentido maior da educação: de transformar o sujeito. Durante o processo de aprendizagem, a pessoa se torna outra, mais consciente.

Um dos aspectos a ser considerado no processo é a crítica: da produção artística historicamente realizada, da criação do grupo, da criação do sujeito. O trabalho com a crítica, ou seja, como o sujeito compreende e avalia a sua produção e a dos outros, é impulsionador de outras fases. Quando o sujeito consegue perceber o próprio desenvolvimento, carrega consigo uma nova forma de olhar para aquele universo. Criticar seu próprio trabalho é poder perceber detalhes antes não percebidos: o olhar se torna mais apurado, mais refinado e mais detalhista.

Outro aspecto a ser considerado no processo é a maneira como a aula é preparada e conduzida. Em cada aula, é necessária atenção ao envolvimento do grupo com o trabalho, observando as sequências estabelecidas para cada momento. O grupo precisa perceber que sua maneira de envolver-se com o trabalho vai melhorando, e, com isso, a qualidade da produção.

A estrutura das aulas deverá ser organizada de acordo com a dinâmica das classes, mas é importante reservar momentos para:

- discussão do tema a ser trabalhado;
- troca de ideias a respeito dos trabalhos;
- fechamento (conclusões).

Além de estabelecer críticas em relação à produção e ao processo, é necessário ampliar a concepção de arte que os alunos têm. O conceito de arte se modifica historicamente. Em muitos períodos da história da arte, as concepções sobre forma, beleza e intenção se mostraram diferentemente.

A obra de arte nem sempre privilegiou o belo ou a figuração, ou ainda, as formas reconhecíveis ou agradáveis, ela também procurou registrar a angústia de seu tempo, a revolta, a dramaticidade, a sacralidade. As diferenças aparecem quando a arte é impulsionada por novas demandas do sujeito *no* ou *pelo* grupo social: situações de guerra, questionamentos sobre a vida em sociedade, revelações de caráter mágico ou caminhos poéticos os mais variados. Picasso, por exemplo, não reproduz, em sua fase cubista, formas realistas, mas acrescenta fragmentações, análises das formas, dando-lhes colorido particular.

É relevante discutir com os alunos a concepção de arte além dos modismos das mídias e da força do mercado da arte – como no caso de Van Gogh, só reconhecido posteriormente a sua morte.

Espero que a arte possa revelar-se na sala de aula uma tradução dos caminhos poéticos trilhados por alunos e professores.

BIBLIOGRAFIA

AMARAL, Aracy A. *Arte para quê?* A preocupação social na arte brasileira – 1930-1970: subsídios para uma história social da arte no Brasil. São Paulo: Studio Nobel, 2003.

AMIEL, David; AMIEL, Arlette. *Naïfs brasileiros.* Exposição no Espaço Caixa da Paulista – de 23 de agosto a 12 de dezembro de 2002, São Paulo.

ARGAN, Giulio Carlo. *Arte moderna*: do Iluminismo aos movimentos contemporâneos. São Paulo: Companhia das Letras, 1992.

ARNHEIM, Rudolf. *Arte e percepção visual:* uma psicologia da visão criadora. São Paulo: Pioneira, 1986.

BARBOSA, Ana Mae. *Tópicos utópicos.* Belo Horizonte: C/Arte, 1998.

_____. (org.). *Arte-educação:* leitura no subsolo. São Paulo: Cortez, 1999.

_____. *John Dewey e o ensino da arte no Brasil.* São Paulo: Cortez, 2002.

_____. *Arte-educação no Brasil.* São Paulo: Perspectiva, 2002.

BJÖRK, Christina; ANDERSON, Lena. *Linéia no jardim de Monet.* Trad. Ana Maria Machado. Rio de Janeiro: Salamandra,1992.

BONOMI, Maria. *Arte pública:* sistema expressivo/anterioridade. São Paulo, 1999. Tese (Doutorado) – Escola de Comunicações e Artes (ECA), Universidade de São Paulo.

BOSI, Ecléa. *Memória e sociedade:* lembrança dos velhos. São Paulo: Companhia das Letras, 2005.

BURROWES, Patricia. *O universo segundo Arthur Bispo do Rosário.* Rio de Janeiro: FGV, 1999.

DEMPSEY, Amy. *Estilos, escola e movimentos.* São Paulo: Cosac & Naify, 2003.

DEWEY, John. *A arte como experiência.* São Paulo: Abril Cultural, 1980. (Coleção Os pensadores).

GEERTZ, Clifford. *O saber local*: novos ensaios de antropologia interpretativa. Petrópolis: Vozes, 2002.

HEARTNEY, Eleanor. *Pós-modernismo.* São Paulo: Cosac & Naify, 2002.

HIDALGO, Luciana. *Arthur Bispo do Rosário:* o senhor do labirinto. Rio de Janeiro: Rocco, 1996.

GOMBRICH, E. H. *A história da arte.* Rio de Janeiro: Zahar, 1985.

_____. *Arte e ilusão.* São Paulo: Martins Fontes, 1986.

_____. *Impressionistas e pós-impressionistas.* São Paulo: Abril Cultural, 1984.

NOVAES, Sylvia Cayubi. *Jogo de espelhos.* São Paulo: Edusp, 1993.

_____. *Os grandes artistas:* Degas, Toulouse-Lautrec e Monet. São Paulo: Nova Cultural,1991.

OSTROWER, Fayga. *A sensibilidade do intelecto:* visões paralelas do espaço e tempo na arte e na ciência, a beleza essencial. Rio de Janeiro: Campus, 1998.

PEREIRA, Katia Helena Alves. *A TV que a gente não vê:* a influência da televisão no desenho da criança. São Paulo, 1999. Dissertação (Mestrado) – Faculdade de Educação, Universidade de São Paulo.

_____. *De mantos e parangolés:* invenções e inversões no ensino da arte. São Paulo, 2004. Tese (Doutorado) – Faculdade de Educação, Universidade de São Paulo.

QUINTANA, Mário. *Nova geografia poética.* Rio de Janeiro : Globo, 1998.

READ, Herbert. *O sentido da arte:* esboço da história da arte, principalmente da pintura e escultura e das bases dos julgamentos estéticos. São Paulo: Ibrasa, 1978.

_____. *Educação pela arte.* São Paulo: Martins Fontes, 1982.

_____. *A redenção do robô:* meu encontro com a educação através da arte. São Paulo: Summus, 1986.

SARAMAGO, José. *Evangelho segundo Jesus Cristo*. São Paulo: Companhia das Letras, 2005.
SHAKESPEARE, William. *Romeu e Julieta*. Adaptação de Mary Lamb e Léo Cunha. Belo Horizonte: Dimensão, 1996.
STRICKLAND, Carol; BOSWELL, John. *Arte comentada*. Rio de Janeiro: Ediouro, 1999.
THOMPSON, Yoruba. Artistic Criticism. In: D'AZAREDO, W. L. (org.). *The Traditional Artist in African Societies*. Indiana: Bloomington, 1973.
VYGOTSKY, L. S. *La imaginacion y el arte en la infancia:* ensayo psicológico. México: Hispánicas, 1987.
WOOD, Paul. *Arte conceitual*. São Paulo: Cosac & Naify, 2002.

Catálogos de exposições
Centro Cultural Banco do Brasil (São Paulo – SP). *Pop Brasil:* a arte popular e o popular na arte: 6 de julho a 25 de agosto de 2002. Catálogo. São Paulo, 2002, 127 p.
Espaço Caixa da Paulista (São Paulo – SP). *Naïfs brasileiros* – Antônio Poteiro – José de Freitas – Rosina Becker do Valle: de 23 de agosto a 12 de setembro de 2002. Catálogo. São Paulo, 2002, 32 p.
Fundação Bienal (São Paulo – SP). Mostra do Redescobrimento – *Arte popular:* catálogo. São Paulo, 2000, 320 p.
Fundação Bienal (São Paulo – SP). Mostra do Redescobrimento – *Modernismo:* catálogo. São Paulo, 2000.
Fundação Bienal (São Paulo – SP). Mostra do Redescobrimento – *Imagens do inconsciente:* catálogo. São Paulo, 2000.
Fundação Bienal (São Paulo – SP). Mostra do Redescobrimento – *Século XIX:* catálogo. São Paulo, 2000.
Fundação Bienal (São Paulo – SP). Mostra do Redescobrimento – *Negro de corpo e alma:* catálogo. São Paulo, 2000.
Itaú Cultural (São Paulo – SP). *Arte e sociedade* – uma relação polêmica: de 15 de abril a 29 de junho de 2003. Catálogo. São Paulo, 2003.
Itaú Cultural (São Paulo – SP). *Arte:* sistema e redes poéticas da atitude. O transitório e o precário entre o mundo e o sujeito – de 12 de maio a 7 de julho de 2002. Catálogo. São Paulo, 2002.
Museu de Arte Contemporânea da USP (São Paulo – SP). *O papel da arte:* set. 2003. Catálogo. São Paulo, 2003, 120 p.
Museu de Arte Moderna de São Paulo (São Paulo – SP). *Panorama da arte brasileira 2003* (desarrumado) – 19 desarranjos: catálogo. São Paulo, 2003, 152 p.
Museu de Arte Moderna de São Paulo (São Paulo – SP). *Tarsila do Amaral e Di Cavalcanti:* mito e realidade no modernismo brasileiro: de 24 de outubro a 15 de dezembro de 2002. São Paulo, 2002, 180 p.
Museu Nacional de Belas Artes; Santos Cultural. *Imagem e identidade:* um olhar sobre a história. Exposição aberta em 10 de dezembro de 2002. Santos Cultural, São Paulo, 2002, folder.
Sesc São Paulo (Piracicaba – SP). Bienal *Naïfs do Brasil:* catálogo. Piracicaba, 2000, 158 p.
Universidade de São Paulo; Sesi; MAC/USP (São Paulo – SP). *Operários na Paulista:* MAC/USP e artistas artesãos: de 17 de setembro de 2002 a 19 de janeiro de 2002. Galeria do Sesi. Catálogo. São Paulo, 2003, 92 p.

Sites de artistas
Antônio Poteiro: <www.antoniopoteiro.com>
Arthur Bispo do Rosário: <www.twister.com.br/artesacra/bispo.htm>
Emiliano Di Cavalcanti: <www.dicavalcanti.com.br>
Pablo Picasso: <www.picasso.fr>
Tarsila do Amaral: <www.tarsila.irg.br>

Sites de museus
Guggenheim Museum: <www.guggenheimcollection.org>
Metropolitan Museum of Art: <www.metmuseum.org>
24ª Bienal de São Paulo: <www1.uol.com.br/bienal/24bienal>

Sites de grafite
<www.artbr.com.br>
<www.stencilbrasil.com.br>

ANEXO

AS LINGUAGENS
O DESENHO

Fig. 1 – Albrecht Dürer
Estudos para autorretrato, mão e travesseiro

Fig. 2 – Albrecht Dürer
Autorretrato aos 13 anos

Fig. 3 – Jean-Auguste-Dominique Ingres
O violinista Niccolò Paganini

Fig. 4 – Flávio de Carvalho
Minha mãe morrendo nº 1

Fig. 5 – Tarsila do Amaral
Paisagem antropofágica III

Fig. 6 – Vasily Kandinsky
Composição IV

Fig. 7 – Vasily Kandinsky
Composição V

Fig. 8 – Vasily Kandinsky
Composição VII

Fig. 9 – Vasily Kandinsky
Improvisação 7

Fig. 10 – Linha rítmica criada
por aluna do ensino médio

Fig. 11 – Imagem criada
por aluna do ensino médio

Fig. 12 – Desenho realizado
por aluna do ensino médio

Fig. 13 – Vincent van Gogh
Banco de pedra no jardim do asilo

Fig. 14 – Vincent van Gogh
Jardim da paróquia

Fig. 15 – Piet Mondrian
Floresta

Fig. 16 – Piet Mondrian
Floresta perto de Oele

Fig. 17 – Piet Mondrian
Árvores II

Fig. 18 – Katsushika Hokusai
A grande onda em Kanagawa

Fig. 19 – Pablo Picasso
Cabeça de mulher apoiada sobre a mão

Fig. 20 – Pablo Picasso
Cabeça de mulher

A linha do grafite

Fig. 1 – Jean-Michel Basquiat
Sem título

Fig. 2 – David Siqueiros
Retrato da burguesia

Fig. 3 – Keith Haring
Sem título

Fig. 4 – Robert Smithson
Rampa da Amarillo

Fig. 5 – Projeto de grafite de aluna do ensino médio

Fig. 6 – Grafite com pintura à mão livre

Fig. 7 – Grafite com pintura à mão livre

Fig. 8 – Grafite realizado por grupo de alunos do ensino médio

A PINTURA

Fig.1 – Jean-Auguste-Dominique Ingres
Napoleão I no seu trono imperial

Fig. 2 – Francisco de Goya y Lucyentes
O voo das bruxas

Fig. 3 – Edvard Munch
O vampiro

Fig. 4 – Edvard Munch
Ansiedade

Fig. 5 – Asger Jorn
O conselheiro do suicídio

Fig. 6 – Antônio Poteiro
Carnaval

Fig. 7 – Henry Matisse
O ateliê vermelho

Fig. 8 – José Antônio da Silva
Caminho para a festa

Fig. 9 – Antônio Poteiro
Congresso Nacional

Fig. 10 – José Ferraz
de Almeida Júnior
Violeiro

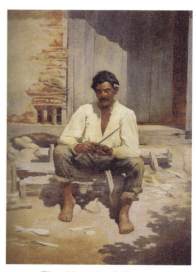

Fig. 11 – José Ferraz
de Almeida Júnior
Caipira picando fumo

Fig. 12 – Pintura realizada por aluna do ensino médio

Fig. 13 – Pintura realizada por aluno do ensino médio

Fig. 14 – Tarsila do Amaral
EFCB (Estrada de ferro Central do Brasil)

Fig. 15 – Tarsila do Amaral
São Paulo

Fig. 16 – Pintura realizada
por aluna do ensino fundamental II

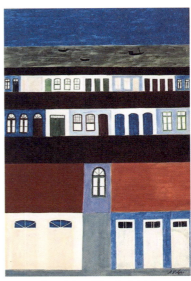

Fig. 17 – Alfredo Volpi
Casario de Santos

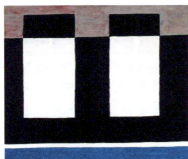

Fig. 19 – Alfredo Volpi
Xadrez branco e vermelho

Fig. 18 – Alfredo Volpi
Fachada

Fig. 20 – Pintura criada
por aluno do ensino médio

Fig. 21 – José Antônio da Silva
Algodoal

Fig. 22 – José Antônio da Silva
Fazendinha

Fig. 23 – Pintura criada
por aluno do ensino médio

Fig. 24 – Pintura criada por aluno do ensino fundamental II

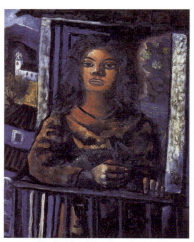

Fig. 25 – Emiliano Di Cavalcanti
Mocinha com gato na janela em Ouro Preto

Fig. 26 – Emiliano Di Cavalcanti
Bailarinas de circo

Fig. 27 – Pintura criada por aluna do ensino médio

Fig. 28 – Pintura criada por aluna do ensino médio

Fig. 29 – Pintura criada por aluna do ensino médio

A TRIDIMENSIONALIDADE

Fig. 1 – Escultura grega
Vênus de Milo

Fig. 2 – Auguste Rodin
O pensador

Fig. 3 – Michelangelo Buonarotti
Pietá

Fig. 4 e 5 – Cenários criados
por alunos da 2ª série
do ensino fundamental

Fig. 6 – Arthur Bispo do Rosário
Abajour

Fig. 7 – Arthur Bispo do Rosário
Planeta paraíso dos homens

Fig. 8 – Arthur Bispo do Rosário
Partida de xadrez com Rosângela

Fig. 9 – Arthur Bispo do Rosário
Partida de xadrez com Rosângela

Fig. 10 – *Assemblage* (mala)
criada por alunos do ensino médio

Fig. 11 – *Assemblage* (caixa) criada por alunas do ensino médio

Fig. 12 – Tapete criado por alunos do ensino médio

Fig. 13 – Tapete criado por alunos do ensino médio

Fig. 14 – Arthur Bispo do Rosário *Manto da apresentação*

Fig. 15 – Arthur Bispo do Rosário
Eu preciso destas palavras – Escritas

Fig. 16 – Estandartes criados por alunos do ensino médio

Fig. 17 – Estandarte criado por aluna do ensino médio

Fig. 18 – Estandarte criado por grupo de alunos do ensino médio

Fig. 19 – Niki de Saint Phalle
Grande Nana azul

Fig. 20 – Niki de Saint Phalle
Ganesh

Fig. 21 – Niki de Saint Phalle
Mulher-pássaro

Fig. 22 – Mumificação do boneco com fita crepe

Fig. 23 – Colagem de papel colorido cortado em quadradinhos

Fig. 24 – Colagem de papel colorido cortado em quadradinhos

Fig. 25 – Boneco realizado por aluno do ensino fundamental II

Fig. 26 – Boneco realizado por aluno do ensino fundamental II

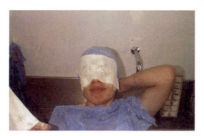

Fig. 27 – Início: colocação de tiras de gaze gessada

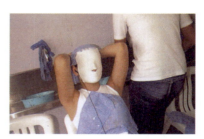

Fig. 28 – Máscara completa

Fig. 29 – Máscaras prontas sobre tapete de CDs

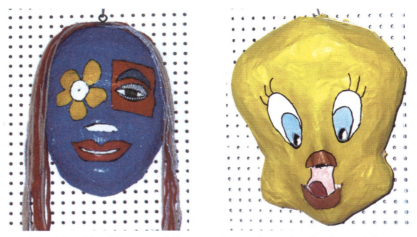

Fig. 30 e 31 – Máscaras feitas por alunos do ensino fundamental II

Fig. 32, 33, 34 e 35 – Máscaras feitas por alunos do ensino fundamental II

Fig. 36 – Projeto para roupa de grupo de alunas do ensino médio

Fig. 37 – Projeto para roupa de grupo de alunas do ensino médio

Fig. 38 – Projeto para roupa de grupo de alunas do ensino médio

Fig. 39 – Desenho de aluna do ensino médio

A GRAVURA

Fig. 1 e 2 – Procedimentos para a produção de gravura

Fig. 3 – Cordel *Memórias de menino*

Fig. 4 e 5 – Cordel *Que calor...*

Fig. 6 – Cordel *Política brasileira*

Fig. 7 – Cordel *Salve a educação*

GRÁFICA PAYM
Tel. [11] 4392-3344
paym@graficapaym.com.br